U0644883

生活·讀書·新知 三联书店

欢喜满人间

慈悲

星云大师 著

图书在版编目(CIP)数据

欢喜满人间:慈悲/星云大师著.—北京:生活·读书·新知三联书店，
2015.5

(星云法语)

ISBN 978-7-108-05241-4

Ⅰ.①欢…　Ⅱ.①星…　Ⅲ.①佛教－人生哲学－通俗读物
Ⅳ.①B948-49

中国版本图书馆 CIP 数据核字(2015)第 020345 号

责任编辑　罗　康

封面设计　储　平

责任印制　卢　岳　张雅丽

出版发行　生活·讀書·新知 三联书店
　　　　　（北京市东城区美术馆东街 22 号）

邮　　编　100010

印　　刷　三河市嘉科万达彩色印刷有限公司

版　　次　2015 年 5 月北京第 1 版
　　　　　2015 年 5 月北京第 1 次印刷

开　　本　880 毫米×1230 毫米　1/32　印张　7.75

字　　数　166 千字

印　　数　00,001—12,000 册

定　　价　28.00 元

总序　十把钥匙

星云大师

　　《星云法语》是我在台湾电视公司、"中国电视公司"、"中华电视公司"三十年前的"三台时代",为这三家电视台所录像的节目。后来在《人间福报》我继《迷悟之间》专栏之后,把当初在三家讲述的内容,再加以增补整理,也整整以三年的时间,在《人间福报》平面媒体与读者见面。

　　因为我经年累月云水行脚,在各地的佛光会弘法、讲说,断断续续撰写《星云法语》,偶有重复,已不复完全记忆。好在我的书记室弟子们,如满义、满观、妙广、妙有、如超等俄而提醒我,《人间福报》的存稿快要告罄了,由于我每天都能撰写十几则,因此,只要给我三五天的时间,我就可以再供应他们二三个月了。

　　像这类的短文,是我应大家的需要在各大报纸、杂志上刊登,以及我为徒弟编印的一些讲义,累积的总数,已不下两千万字了。《星云法语》,应该说是与《迷悟之间》、《人间万事》同一性质的短文,都因《人间福报》而撰写。承蒙读者鼓励,不少人希望结集成书,香海文化将这些文章收录编辑,文字也有百余万字,共有十集,分别为:一、精进;二、正信;三、广学;四、智慧;五、自觉;六、正见;

七、真理；八、禅心；九、利他；十、慈悲。

这套书在《人间福报》发表的时候，每篇以四点、六点，甚至八点阐述各种意见，便于记忆，也便于讲说，有学校取之作为教材。尤其我的弟子、学生在各处弘法，用它作为讲义，都说是得心应手。

承蒙民视电视台也曾经邀我再比照法语的体裁，为他们多次录像，并且要给我酬劳。其实，只要有关弘法度众，我都乐于结缘，所以与台湾的四家无线电视台都有因缘关系。而究竟《星云法语》有多大的影响力，就非我所敢闻问了。

承蒙知名学者李家同教授、洪兰教授、台中胡志强市长，以及善女人赵辜怀箴居士，为此套书写序，一并在此致谢。

是为序。

于佛光山开山寮

推荐序一　宗教情怀满人间

李家同

星云大师的最新著作《星云法语》十册套书，香海文化把部分的文稿寄给我，邀我为序。8月溽暑期间，我自身事务有些忙碌；但读着文稿里星云大师的话，却能感觉到欢喜清凉。

《星云法语》里面有一篇我很喜欢，其中写道："要有开阔包容的心胸、要有服务度生的悲愿、要有德学兼具的才华、要有涵养谦让的美德。"

多年来我从事教育工作，希望走出狭义的精英校园空间，真正帮忙各阶层弱势学生。看着莘莘学子，我想我和星云大师的想法很接近吧，就是教育一定要在每个角落中落实，要让最弱势的学生，能个个感受到不被忽略、不受到城乡资源差别待遇。

青年教育的目的，不就是教育工作者，希望能教养学生，成为气度恢弘的国民吗？

为勉励青年，星云大师写下"青年有强健的体魄，应该发心多做事，多学习，时时刻刻志在服务大众，念在普度众生，愿在普济社会"。

星云大师的话，让我想起《圣经》里的箴言：

"有了信心，又要加上德行；有了德行，又要加上知识；有了知识，又要加上节制；有了节制，又要加上忍耐；有了忍耐，又要加上虔敬；有了虔敬，又要加上爱弟兄的心；有了爱弟兄的心，又要加上爱众人的心。"(《圣经·彼得后书》)

宗教情怀，就是超越一切的普济精神。人间的苦难，如果宗教精神无以救济，那么信仰宗教毫无意义。不论是佛陀精神，或是基督精神，以慈爱的心处世，我想原则上没有什么不同。尤其是青年人，更应细细体会助人爱人的真谛，在未来起着社会中坚的作用。这样，我们现在办的教育，才真正能教养出"德学兼具"的青年，让良善能延续，社会上充满不汲汲于名利，助人爱人的和谐气氛。

香海文化出版的《星云法语》，收录了精彩法语共计 1080 篇，每一篇均意味深长，适合所有人用以省视自己，展望未来。"现代修行风"不分基督、佛陀，亲切的圣人教诲，相信普罗大众都很容易心领神会。

如今出版在即，特为之序。

（本文作者为台湾暨南大学教授）

推荐序二　安心与开心

洪　兰

在乱世，宗教是人心灵的慰藉，原有的社会制度瓦解了，一切都无法制、无规章，人民有冤无处伸，只有诉诸神明，归诸天意，以求得心理的平衡。所以在东晋南北朝时，宗教盛行，士大夫清谈，把希望寄托在另一个世界。历史证明那是不对的，这是一种逃避，它的结果是亡国。智者知道对现实的不满应该从改正不当措施做起，众志可以成城，人应该积极去面对生命而不是消极去寄望来生。星云大师就是一个积极入世的大师，他在海内外兴学，风尘仆仆到处弘法，用他的智慧来开导世人，他鼓励信徒从自身做起，莫以善小而不为，当每个人都变好时，这个社会自然就好了。这本书就是星云大师的话语集结成册，印出来嘉惠世人。

人在受挫折、有烦恼时，常自问：人生有什么意义，活着干什么？大师说，人生的意义在创造互惠共生的机会，这个世界有因你存在而与过去不同吗？科学家特别注重创造，就是因为创造是没有你就没有这个东西，没有莫扎特就没有莫扎特的音乐，没有毕加索就没有毕加索的画，创造比发现、发明的层次高了很多，人到这个世上就是要创造一个双赢的局面，不但为己，也要为人。英文谚语有一句：Success is when you add the value to yourself. Significance is when you add the value to others. 只有对别人也有利时，你的成功才是成功。所以大师说，生命在事业中，不在岁月上；在思想中，不在气息上；在感觉中，不在时间上；在内涵中，不在表相上。这是我所看到谈生命的意义最透彻的一句话。

挫折和灾难常被当作上天的惩罚，是命运的错误；其实挫折和灾难本来就是人生的一部分，不经过挫折我们不会珍惜平顺的日子，没有灾难不会珍惜生命。人是高级动物，是大自然中的一分子，不管怎么聪明、有智慧，还是必须遵行自然界的法则，所以有生必有死，完全没有例外。但是人常常参不透这个道理，历史上秦始皇、汉武帝这种雄才大略的人也看不到这点，所以为了求长生不老，倒行逆施，坏了国家的根基，反而是修身养性的读书人看穿了这点。宋代李清照说"今手泽如新，而墓木已拱……然有有必有无，有聚必有散，乃理之常。人亡弓，人得之，又胡足道"。看透这点，一个人的人生会不一样，既然带不走，就不必去收集，应该想办法去用有限的生命去作出无限的功业。

一个入世的宗教，它给予人希望，知道从自身做起，不去计较别人做了什么，只要去做，世界就会改变。最近有法师用整理回收物的方式带信徒修行，他不要信徒捐献金钱，但要他们捐献时间去回收站做义工，从行动中修行。我看了这个报道真是非常高兴，因为研究者发现动作会引发大脑中多巴胺（dopamine）这个神经传导物质的分泌，而多巴胺跟正向情绪有关，运动完的人心情都很好，一个跳舞的人即使在初跳时，脸是板着的，跳到最后脸一定是笑的。所以星云大师劝信徒，从动手实做中去修行是最有效的修行，对自己对社会都有益。

在本书中，大师说生活要求安心，心安才能体会人生的美妙，才听得到鸟语，闻得到花香，所以修行第一要做到心安，既然人是群居的动物，必须要和别人往来，因此大师教导我们做人的道理，列举了人生必备的 10 把钥匙，书的最后两册是要大家打开心胸，利他与慈悲，与一句英谚 You can give without loving, you can never love without giving 相呼应。不论古今中外，智者都看到施比受更有福。

希望这套书能在目前的社会中为大家浮躁的心灵注入一股清泉，人生只要心安，利人利己地过生活，在家出家都一样在积功德了。

（本文作者为台湾阳明大学神经科学研究所教授）

推荐序三　法钥匙神奇的佛

胡志强

星云大师，是我一直非常尊敬与佩服的长者。

长久以来，星云大师所领导主持的佛光山寺与国际佛光会，闻声救苦，无远弗届，为全球华人带来无尽的希望与爱。

大师的慈悲智慧与宗教情怀，让许多人在彷徨无依时，找到心灵的依归。另一方面，我觉得大师潇洒豁达、博学多闻，无论是或不是佛教徒，都能从他的思想与观念上，获得启迪。

星云大师近期出版的《星云法语》，收录了大师1080篇的法语，字字珠玑，篇篇隽永。

我很喜欢这套书以"现代佛法修行风"为诉求，结合佛法与现代人的生活，深入浅出地阐释。尤其富有创意的是，以十册"法语"打造了十把"佛法钥匙"，打开读者心灵的大门，带领我们从不一样的角度，去发现与体会生活中的点点滴滴。

以《旅游的意义》这篇文章为例：

"……就像到美国玩过，美国即在我心里；到过欧洲度假，欧洲也在我心里，游历的地区愈丰富，就愈能开阔我们的心灵视野。

当我们从事旅游活动时，除了得到身心的纾解，心情的愉悦之外，还要进一步获得宝贵的知识。除了外在的景点外，还可以增加一些内涵，作一趟历史文化探索之旅，看出文化的价值，看出历史的意义。

比方这个建筑是三千年前，它历经什么样的朝代，对这些历史文化能进一步赏析后，那我们的生命就跟它连接了。"

"我们的生命就跟它连接了"这句话，让我印象十分深刻，生动描述了"读万卷书，行万里路"，正是一种跨越时空的心灵宴飨。

在《快乐的生活》一文中，大师指点迷津。他说："名和利，得者怕失落，失者勤追求，真是心上一块石头，患得患失，耿耿于怀，生活怎么能自在？"

因此"身心要能健康，名利要能放下，是非要能明白，人我要能融和"。

在《欢喜满人间》这篇文章中，大师指出：人有很多心理的毛病，例如忧愁、悲苦、伤心、失意等。佛经形容人身难得如"盲龟浮木"，一个人在世间上一年一年地过去，如果活得不欢喜，没有意义，那又有什么意思？如何过得欢喜、过得有意义？

他提出几点建议："要本着欢喜心做事，要本着欢喜心做人，要本着欢喜心处境，要本着欢喜心用心，要本着欢喜心利世，要本着欢喜心修行。"

看到此处，我除了一边检视自己在日常生活中做到了多少？另一方面，也希望把"欢喜心"的观念告诉市府同仁，期许大家在服务市民时认真尽责之外，还能让民众体会到我们由衷而发的"欢喜心"。

而《传家之宝》一篇中所提到的观点，也让为人父母者心有戚戚焉。

　　大师说：一般父母，总想留下房屋田产、金银财富、奇珍宝物给子女，当作是传家之宝；但是也有人不留财物，而留书籍给予子女，或是著作"家法""庭训"，作为家风相传的依据。乃至禅门也有谓"衣钵相传"，以传衣钵，作为丛林师徒道风相传的象征。

　　他认为"传家之宝"有几种：包括宝物、道德、善念与信仰。到了现代，书香、善念、道德、信仰更可以代替钱财的传承，把宗教信仰传承给子弟，把善念道德传给儿孙，把教育知识传给后代。

　　"人不能没有信仰，没有信仰，心中就没有力量。信仰宗教，如天主教、基督教、佛教等，固然可以选择，但信仰也不一定指宗教而已，像政治上，你欢喜哪一个党、哪一个派、哪一种主义，这也是一种信仰；甚至在学校念书，选择哪一门功课，只要对它欢喜，这就是一种信仰。有信仰，就有力量，有信仰，就会投入。能选择一个好的宗教、好的信仰，有益身心，开发正确的观念，就可以传家。"

　　细细咀嚼之后，意味深长，心领神会。

　　星云大师一千多篇好文章，深刻而耐人寻味，我在此只能举出其中几个例子。很感谢大师慷慨分享他的智慧结晶，让芸芸众生也有幸获得他的"传家之宝"。

　　在繁忙的生活中，每天只要阅读几篇，顿时情绪稳定、思考清明、心灵澄静。有这样的好书为伴，真的"日日是好日"！

（本文作者为台中市市长）

推荐序四　人生的智慧和导航

赵辜怀箴

我一直感恩自己能有这个福报，多年来能跟随在大师的身边，学习做人和学习佛法。每一次留在大师身边的日子里，都可以接触到许多感动的心，和感动的事；每一次都会让我感觉到，这个世界真的是非常的可爱。

大师说：他的一生就是为了佛教。这么多年来，大师就这样循循地督促着自己，为此，马不停蹄地一直在和时间做竞跑。大师的一生，一向禀持着一个慈悲布施、以无为有的胸怀，做大的人，做大的事。如果想要问大师会不会和我们一样斤斤计较？我想他唯一真正认真计较的事，就是，对每一天的每一分和每一秒吧！

在大师的一生里，大师从来不允许自己浪费任何一分一秒的时间；无论是在跑香、乘车、开会、会客或者进餐；大师永远都是人在动，心在想，手在做，眼观六路，耳听八方，把1分钟当10分钟用；在高效率中不失细腻，细腻中不失大局，大局中不失周全；周全里，充满了的是大师对每一个人无微不至的关怀和体贴。

大师自从出家以来，只要是为了弘法，大师从来不会顾及自己的健康和辛苦，数十年如一日，南奔北走，不辞辛劳地到处为信徒开示演讲；只要有多余的时间，大师就会争取用来执笔写稿；年轻时也曾经为了答应送一篇文稿给出版社，连夜乘坐火车，由南到北。大师从年轻时就非常重视文化事业，大师也坚信用文字来度众生的重要。大师一生一诺千金，独具宏观，不畏辛苦，忍辱负重，在佛教界树立了优良的榜样，对现代佛教文化事业得以如此的发达，具有相当肯定的影响力。到目前为止，大师出版的中英文书籍，已经不下数百本。

记得在20世纪60年代的时候，大师鉴于电视弘法不可忽视的力量，即刻决定要自己出资，到电视公司录制作晚上8点档的《星云法语》，使其成为台湾第一个在电视弘法的节目。我记得大师的《星云法语》是在每天晚间新闻之后立即播出，播出的时间是5分钟，节目的制作，既"精"又"简"。节目当中，配合着简单明了的字幕，听大师不急不缓地娓娓道来，让观众耳目一新，身心受益。

这个节目播出之后，立即受到广大观众的喜爱和回响。大师告诉我，在节目播出之后不久，由于收视率很好，电视公司自动愿意出资，替大师制作节目；大师从此不但有了收入，也因此多了一个电视名主持人的头衔。这个《星云法语》的电视节目，也就是今天所出版的《星云法语》的前身。

佛光山香海文化公司精心收录的《星云法语》即将出版。这一条佛法的清流，是多年来星云大师为了这个时代人心灵的需求，集思巧妙地运用生活的佛教方式，传授给我们无边的法宝。每一篇，每一个法语，星云大师都透过对细微生活之间的体认，融合了大师在佛法上精深的修行智慧。深入浅出地诠释，高明地把佛法当中的精要，很自然地交织在生活的细致之间，用生活的话，明白地说出现代佛法的修行风范，让读者有如沐浴在法语春风之中的感觉，很自然地呼吸着森林里散发出来的清香，在每一个心田里默默地深耕着。等待成长和收割的喜悦，沐浴着太阳和风，是指日可待的。

今承蒙香海文化公司的垂爱，赐我机会为《星云法语》套书做序，让我实在汗颜；几经推辞，又因香海文化公司的盛情难却，只有大胆承担，还请各位前辈、先学指正。我在此恭祝所有《星云法语》的读者，法喜充满。

（本文作者为国际佛光会世界总会理事）

目　录

卷一　欢喜满人间

卷二　传家之宝

卷三　幸福之门

卷一｜欢喜满人间

快乐要经过勤劳努力，才能获得，
没有牺牲奉献的精神与实践，
就无法体会真正的快乐。

快乐哪里来

每个人都希望追求快乐，但快乐要从哪里来？有人以为"读万卷书，行万里路"才能快乐；有人以为享受吃喝玩乐、佩戴罗绮珠翠、保持玉貌身颀才是快乐；有人以为丰衣足食、名利双收，就是快乐……但是，这些都有消失的一天，真正的快乐究竟从哪里来呢？以下提供四点意见：

第一，快乐从尊重中来

《大智度论》说："视他妇如母，见他财如火，一切如亲亲，如是名等见。"人我之间，多一分尊重，便少一分侵犯；多一分慈悲，便少一分争执。在相互尊重包容中，心地增加了善美，待人处事，自然多一分柔软、和谐。生命中增添这许多善因妙缘，人生自然也能增添快乐自在。

第二，快乐从服务中来

社会上，有的人在福利团体中奉献己力，有的人四处赈济救灾，有的人义务施诊，有的人从事小区环保，有的人照顾病苦老人，以一分无所得的心为众服务，不仅为人间带来温暖，也为自己增添生命的价值。诚如美国总统林肯所言："服务是一件乐事，也是人生最高贵的品格。"凡事以服务为出发点，但求他人利益，必能从中获得快乐。

第三，快乐从勤劳中来

有云："鸟美在羽毛，人美在勤劳"，勤劳不仅可以美化人生，更能为我们带来快乐。《长阿含经》中，佛陀叮咛弟子："若不计寒暑，朝夕勤修务；事业无不成，至终无忧患。"因为勤劳，事务能达成；因为勤劳，为人必厚实；因为勤劳，人生能积极乐观。做事若肯勤劳，快乐必定常伴左右。

第四，快乐从禅心中来

心如工厂，可以制造欢喜快乐，也可以制造烦恼、忧愁。现代人的生活，普遍以追求感官刺激为快乐，因此快乐是短暂的，甚至带来苦恼。倘若有了禅心，面对善恶、是非，就能转化境界，增添人我和谐。有了禅心，凡事就能以方便、融通行之，却不失原则，做起事来，欢喜、禅悦；与人相处，幽默、喜悦。拥有禅心，才是快乐的来源。

世界上，有人追求物质满足，然而外在物质容易变化，痛苦随之而来。真正的快乐，应是精神上的充实，你尊重他人、服务大众、勤劳奋起、禅心生活，快乐就能在内心根植，久久不失。

快乐的根源（一）

每个人都希望过得幸福，但是，心中往往充塞着执着、乖戾、嫉妒、骄慢等不良的种子。有的人一味地追求物质，追求享受。其实，快乐的人生，不在于山珍海味，而在于清和淡雅；不在于盲目追求，而在于真诚相待；不在于别人的施舍，而在于自己的努力；不在于遥远的未来，而在于当下的获得。所以快乐的根源是：

第一，身心的健康

身心都健康，是快乐最重要的条件，西谚云："健康生快乐，快乐生健康。"试想：你的身体四大不调，百骸不畅，卧病在床，或者你的心中三毒炽盛，障门大开，起惑造业，能快乐吗？有人说欢笑能补脑，胜于服食药物；每日笑口常开，身体自然能健康调和。

第二，仁慈的心念

有仁慈心肠的人，别人会喜欢接近他，他的仁慈行为，也会让人永铭于心。古代高僧大德的仁慈，如智严躬处疬坊、高庵看病如己，甚至像智舜割耳救雉、僧群护鸭绝饮，他们悲悯众生疾苦的精神，不但为时人所崇仰尊敬，也为后人立下仁慈爱物的楷模。

第三，虔诚的态度

《礼记·大学》篇说："上老老而民兴孝，上长长而民兴悌，上恤孤而民不悖，是以君子有絜矩之道也。"对人虔敬，可以邻里和睦，兴家旺国。在宗教信仰上，对真理的追求，也需真心虔诚，方可体悟佛性真如。

第四，纯净的信仰

小孩子需要依靠父母，生命才得安全；老人需要依靠拐杖，走路才能安稳；黑夜中需要依靠明灯，行人才能看清方向。信仰如同我们的依靠，纯净的信仰，能作人生的导航。生活有了信仰，就有勇气面对困难与压力；家庭有共同信仰，精神理念相同，自然能和谐无争。

身体健康，什么事都能做；心理健康，什么事都能承担。心地慈和的人，能普遍地接受一切；胸襟宽阔的人，会成就伟大的事业。生活若能带着虔诚恭敬的态度，则无往而不利；生命若能有纯净的信仰，则所到之处，都会散播出真的、善的、美的，这些都是快乐的根源。

快乐的根源(二)

追求快乐是我们共同的愿景,但是每个人对快乐的感受却截然不同,有人以物质享受为乐,有人以亲近大自然为乐,有人以精神上的提升为乐。究竟什么才是真正的快乐呢?只要转化烦恼,快乐就在当下。我们可以从以下四点找到快乐的根源:

第一,豁达的心胸

懂得包容,就不会锱铢必较。心胸豁达开朗的人,凡事看得高远,不会被眼前利益所蒙蔽;心量狭隘自私的人,处处与人计较,往往无法成就大器。一如唐代诗人杜甫以"安得广厦千万间,大庇天下寒士俱欢颜",表现其一心为民的广阔胸襟。如果能以豁达的心胸包容一切,自然能看见最美好的世界。

第二,内在的宁静

印度圣雄甘地,一生有大部分时间住在牢狱里。但是,他无时无刻不感到安稳自在,因为他内心永远保持着宁静与淡泊。不论环境如何纷乱,我们每个人都要让浮荡不安的思绪,找到一个出口,从内在的宁静中,寻得真正的快乐。

第三，物质的满足

《圆悟佛果禅师语录》记载："若以利根勇猛，身心直下顿休，到一念不生之处，即是本来面目。"人的欲望愈多，心愈容易变质。如果能甘于淡泊，则不会整日追逐物质而不得满足，犹如清淡的白开水，无杂无染；淡泊中的快乐，才是长久可靠的。

第四，主动地关怀

心怀慈悲的人，常会主动关怀别人，如观世音菩萨常做"不请之友"，以三十二应化身寻声救苦，故为众生所尊崇、信仰。从别人的给予中所带来的快乐、只是一时的满足，主动地布施关怀他人，带来的才是真实的心灵快乐。

孔子曾云："仁者不忧"，即是对人生的穷通得失、成败有无能够不忧不拒。诚然，当我们抛却世俗枷锁，心胸自能豁达，内在自得宁静，对物质能满足，更懂得主动关怀周围的人事物，何愁人生不会自在快乐呢！

快乐的根源(三)

快乐要经过勤劳努力，才能获得，没有牺牲奉献的精神与实践，是无法体会真正的快乐。而快乐的根源，来自内心的平静和充实，最后四点提供给大家：

第一，不断地教育

一个人能不断地求进步，不断地教育自己，就是一种幸福快乐。《礼记》云："学然后知不足，教然后知困。"现在社会提倡"终身学习"，可知学习是一辈子的事，也是人生重要的课题。平时我们可以从生活教育、人格教育，以及知识、科技等教育，来提升自我并启发思想。

第二，愿望的实现

愿，是一种理想；有理想，还必须去实践，两者相辅相成，才能有丰硕的收获。我曾说过："只要有愿心，世界无远近；只要肯发心，人间无苦乐。"一个人如果能不断地发愿，不断地发心，进而实践自己的愿望，也是一种快乐。

第三，共事的和谐

与人相处共事，能和谐无争，互相尊重，互相包容，这是最美满、最快乐的事。团体的每个分子都很重要，不要妄自菲薄，也不可看轻他人。与人相处，若能抱持"你对我错""你大我小"的甘居老二的理念，必能和谐共事，发挥最大的力量与效率。

第四，真理的彻悟

人生在世，能明白真理，是非常幸福快乐的。我们信奉佛教，主要的即是享受真理的快乐。世俗上的娱乐短暂易逝，法乐里的欢喜却深广无限。世学有漏，佛法无边；知识变易，真理常新。释迦牟尼佛未成道时，贵为一国的太子，享受无比的欢乐，得到万民的景仰。但是他不以皇宫的生活为满足，不甘愿做个庸碌的凡夫，于是舍弃一切的荣华富贵、亲族情爱，走上追求真理的道路，最后不仅自己彻悟，也为众生开创正觉幸福的人生。

所以幸福快乐从哪里来？对自己要有理想、有愿心，并且努力求进步，不停地自我教育。还有，将周围的人皆视为善知识，相互学习、相互尊重，一起追求真理，共同沐浴在法乐中，我想就是人间最大的快乐了。

乐之源

人到世界上来，既不是为了吃苦，也不是为了受罪来的。人来到世界最大的目的，是为了追求幸福和快乐。那么，人生的幸福快乐如何才能获得呢？有三点看法：

第一，平时要自得其乐

在平常的生活里，不要天天希望别人给你快乐，也不要希望从物质感官里满足快乐的享受，因为这都是短暂的。能开发自己内心的本源，才会享有真正的快乐。比如看得开，凡事往好处想；我不贪欲，我能享有世界，不就能自得其乐了吗？

唐朝大梅法常禅师以荷叶为衣，杉花为食，自得其乐。近代弘一大师洗尽铅华，归投佛教，一生以弘扬律宗为业，一条毛巾使用十多年，破烂不堪，仍然爱惜有加，不以为苦。古德先圣之所以有这种淡泊清高、陶然自得的胸襟，最主要的是他们能把握住内心无限的宝藏，并且充分地将它发挥出来。

第二，待人要为善最乐

我们和人相处，要讲究待人的艺术；待人的艺术，就是"为善最乐"。佛教说："诸恶莫作，众善奉行，自净其意，是诸佛教。"台湾的

《青年守则》也说："服务为快乐之本。"我能为你服务，给你一些慈悲，给你一些关怀，给你一些照顾，给你一点欢喜；你得到欢喜快乐，我也能分享你的欢喜快乐。所以，获得欢喜最好的方法，就是给人欢喜。

第三，生活要知足常乐

世间的物质有限，人的欲望却是无穷。在生活里，如果每天发展自己的欲望，想要满足无穷的欲望，这是不可能的。你不能满足，就会痛苦，因此古人说："乐天知命，故不忧。"在心里能经常感到满足，在生活上有知足常乐的习惯，人生何处不安乐？

快乐的来源

快乐生活，是人人所希求的。有人认为拥有财富名位，才是快乐；也有人以追求爱情欲望为乐，沉溺在情爱的世界，无法解脱。人生是为了快乐才要活下去的，如果终日烦恼，那么活着还有什么意义呢？如何在生活中寻找快乐的源泉，提供下列四点参考：

第一，要培养工作的兴趣

兴趣是开发潜能的动力，是工作的调剂。若能从事合乎自己兴趣的工作，固然幸运；如果不能，也要从工作中培养兴趣，乐在其中，这才是快乐的来源。假如在工作中，推三阻四、嫌东嫌西、怨恨烦恼，计较薪水多寡，这些都不会令人快乐。唯有在工作中发觉爱好，发挥自己的价值，那么，即使是一名微不足道的清洁工，打扫街道，清除水沟，都会变成神圣快乐的工作。

第二，要知足现实的生活

一个人要满足现实的生活，不肯脚踏实地一步一步地耕耘，整日幻想不切实际的作为，到头来只会落得"此山望见彼山高，到了彼山没柴烧"。对现实的生活，要有"做一天和尚，撞一天钟"的心态，做什么像什么，尽心去做，这就会获得成就与快乐。

第三，要拥有知心的朋友

古人说："独学而无友，则孤陋而寡闻。"不管什么时候，人总离不开朋友。所谓"人之相知，贵在知心"，朋友有多种类别，寻找共鸣的知己却不容易。因此人的一生，一定要交几个知心的朋友，当有烦恼时，朋友会安慰我；我退却了，他会鼓励我。想要拥有相互成就的朋友，也要你平常真诚地付出才行。所以，交友，不要凡事想占对方的便宜，如此相交，友谊才能永固。

第四，要能观人我的空性

生活如果都在你、我、他之间比较、计较，那么生活会变得患得患失，如何快乐呢？是非、得失皆是我们心中烦恼的魔王，要想将魔王消灭，则需将人、我之间的对立放空，观察彼此的因缘生灭，把人、我、得失、是非都能超越，那快乐就不远了！

在工作中有快乐，满足中有快乐，朋友中有快乐，放下时有快乐。快乐生活只在我们一念心的转化，生活快乐哪里找？快乐的来源有以上四点。

快乐的生活

人生苦短，每个人都希望生活是快乐的，而不是充塞着忧郁不安。经典云，极乐世界是"无诸众苦，但受诸乐"，如何才能达到"无诸众苦"的境界？就端看我们日常生活的心念起伏，是善美的？是明理的？还是挂碍的？是执着的？

快乐究竟在哪里呢？

第一，身心要能健康

身体健康是快乐的基本条件。一个人的身体经常出状况，时而偏头痛、时而肠胃痛，天天上诊所、跑医院，生活怎么快乐得起来？所谓"留得青山在，不怕没柴烧"，平常具备保健常识，健康才得以维护。甚至不但身体要健康，心理也要健康。我们心中藏有过多的贪嗔、愚痴、嫉妒、邪见等毛病，不但是一种负担，生活也会很痛苦。所以，能有一个健康的色身，配上健全的心灵，快乐生活就在你身边。

第二，名利要能放下

曹雪芹著的《红楼梦》中的《好了歌》："世人都晓神仙好，唯有功名忘不了。"名和利，得者怕失落，失者勤追求，真是心上一块石头，患得患失，耿耿于怀，生活怎么能自在？又好比一个人爬山，身上满负行囊，脚下寸步难行，真可谓："如履泥土，渐困渐重。"唯有将心上的石头、肩上的负担放下，才能解脱。名利也不是不可要，而是心态取决你的结果。凡是努力认真，自然会实至名归；你不求利，只要广结善缘，它自然会来找你。

第三，是非要能明白

"是非朝朝有，不听自然无。"干扰我们生活的就是得失是非，它让我们在众说纷纭中，轮回流转，扰攘终日，不得安宁，你怎么能快乐得起来？只有学习"不说是非、不听是非、不理是非、不传是非、不怕是非，明白是非"。那么是与非，何足畏也？

第四，人我要能融和

今日的社会，有些人因思想不同而互相排挤，甚至也有因信仰不同，彼此见解不一，在现代人与人关系如此密切的情况下，一对夫妻立场对立，一个家庭分成两队人马，如何能和谐相处？尤其大家同在这片土地上，所谓"同体共生"，更是无法分割。只有撇开彼此的对立，尊重异己，互相扶持，人我融和，快乐的生活才有方向可寻。

黄檗希迁禅师说："终日不离一切事，不被诸境惑，方名自在人。"生活的自在、快乐，不在他求，不是他人赏赐。我们的心中就如一座工厂，产品是要高质量、高效能，或者是劣等品、低用途，就看生产者的决定。如果你的工厂生产的是明理、利他、奉献，要获得圆融快乐的生活，那就不远了。

休闲的生活

农田耕作一段时间后，要给它"休耕转作"；军队经历一场战役之后，也要让他"休养生息"。现代人愈来愈重视休闲的生活。"休闲"并不是要我们躲避繁忙的事业，而是让生活获得欢喜愉悦，让内心获得安然自在，是一种重新再出发。在佛教里，也讲究"休息"，它是精进力量的来源之一。然而，如何休闲才不会花钱费时，甚至耗费体能，却没有达到休闲的意义，这里提出四种休闲活动，供大家参考：

第一，体能性的休闲

你觉得身体柔弱吗？你觉得体力不够吗？可以从事体能性的休闲活动。比方散步、慢跑、田径、体操、游泳，或者登山郊游、踏青健行……这些都是训练体能性的休闲活动。体能性的休闲，除了锻炼体魄外，还有种种好处，例如治疗身心疾病、改变个性、增强信心、训练恒心毅力、培养突破困难的勇气等等。

第二，知识性的休闲

"终身学习"已经成为当前社会中，人人共同重视的课题。从事知识性的休闲活动，可以满足大家"再学习"的求知欲。所谓知识性的休闲，例如参加读书会，或者写作记事、到各地参访旅游、聆听他人讲演、参与各种讲座、研究实验课程等，可以给自己在休闲之余，还能增加知识，开拓自己的胸襟视野。

第三，娱乐性的休闲

有人喜欢舞蹈，有人擅长绘画，有人喜欢雕塑，有人醉心音乐、歌唱、话剧、艺术等，参加这类的社团，不但可以自娱娱人，还可以与很多人相互切磋、砥砺成长，而获得友谊。如王勃在《滕王阁序》里所说："十旬休假，胜友如云。"

第四，服务性的休闲

这一类的休闲，诸如：到学校、医院、机关、基金会、寺院道场当义工，或者小区环境打扫、爱心妈妈服务、临终病人关怀等等。服务性的休闲，可以广结善缘、增长慈悲，积累经验，开发自己的潜能智慧，让人觉得生活有意义，而发挥生命的热力，珍惜生命的价值。

佛门里说，"精进"就是当休息时休息，当工作时工作。休闲的生活，让我们先放下紧绷的心情，提升个人生活质量，追求更高的生产效率。所以，平时多参加正当的休闲活动，一定有益于身心健康。

参访旅行的价值

在古代，有四种人走得最远：一是使节，他们背负使命，到远方的国家，进行邦交的任务，如张骞到西域，郑和下西洋。二是军人，为了戍守边塞或拓展疆土而远征。三是商人，运有通无，走出绵延万里的经商之路。四是僧侣，为了求法、修行、传教，历千辛万苦，奔赴天下，如鸠摩罗什、法显、玄奘及历代禅师的云游四海。拜科技之赐，现代人想环游世界，已非难事。经济水平提高后，更有机会旅行。旅行的好处甚多，在此提出四点：

第一，会增加爱国心

未出国前，风闻其他国家如何富庶、如何先进、生活犹如天堂，而心生羡慕向往，总以为自己的国家不如人。等到走遍世界各国之后，才发现："噢！金窝银窝，不如自己的草窝"，还是自己的国家好。所以，有心人到国外旅行后，会增加爱国心。

第二，会增加豁达感

长期局限在自己生活的范围，会如井底之蛙，只看到井口的一方蓝天，容不得芝麻绿豆大的事。看过大千世界后，眼界宽了，心胸广了，遇到摩擦，会觉得世界如此广阔，个人如此渺小，何苦相争？这种豁达，也是旅行的价值。

第三，会增加活动力

古人说，"在家千日好，出外时时难"，形容出门在外的困难。虽然旅行在外，不免有些不便，能与同伴互相扶持，就能减少困难；能懂得各地风俗习惯，就不会节外生枝、招惹麻烦；能与人群互动，更能了解当地风土人情。因此，出门在外，主动了解时、地、人、事、物间的关系，一趟旅行下来，会增加自己的活动力。

第四，会增加学习欲

到处旅行，参观艺术殿堂，才发现自己不懂艺术；参观古迹文物，会发现自己未具备历史知识；听不懂异国语言，会发现自己欠缺沟通能力……知道自己的不足，就会想要充实，会想要学习语言、学习技能、学习礼貌礼仪，这些强烈的学习动机，也是参访旅行的价值。

"读万卷书，行万里路"，接触广阔的天地，无形中会让人眼界大开，心胸更宽广，大家有机会应走出家门，四处遨游。

旅游的意义

有谓"读万卷书，行万里路"，学问除了来自书本、来自课堂上老师的传授外，其实借着出外旅游参学，也能增广见闻，甚至借此将书本所学的知识与生活的体验联结起来，知行合一、行解并重。因此，现代旅游风气兴盛，这是值得鼓励的好事。旅游的意义有什么呢？提供以下四点：

第一，对地理环境的了解

旅居世界各地，首先一定要先熟知当地的地理环境。比方气候、生态、交通等，如此在旅程当中，就能对当地有更深刻的认识了解，并且融入到我的内心里。就像到美国玩过，美国即在我心里；到过欧洲度假，欧洲也在我心里，游历的地区愈丰富，就愈能开阔我们的心灵视野。

第二，对历史文化的探索

当我们从事旅游活动时，除了得到身心的舒解，心情的愉悦之外，还可进一步获得宝贵的知识。除了外在的景点外，还可以增加一些内涵，作一趟历史文化探索之旅，看出文化的价值，看出历史的意义。

比方这个建筑是 3 000 年前，它历经什么样的朝代，对这些历史文化能进一步赏析后，那我们的生命就跟它连接了。

第三，对风景古迹的欣赏

不论是本地旅游或是出国观光，沿途欣赏风景，听听鸟叫虫鸣，看看青山白云，可以激发活力，扩大视野，无形中让我们感染大自然美的气息。

再看看世界的各大奇观之外，尤其巡访名胜古迹，能引发我们思古之幽情，让我们如置身于古代，回到过去，亲身体验和认识当年的荣耀与文明。

第四，对结伴参访的联谊

有的人欢喜三五好友，结伴自助旅行，走到哪里，都是悠闲自在。也有的人欢喜参加旅行团，在一个团队里面，认识许多不同的成员，有老有少、有男有女，来自不同家庭、不同性格，大家一同外出旅行，从中学习彼此尊重，互相友爱，随众作息。你若能与任何人相处都可以安住，表示有随缘随喜的性格，一定能广结许多的朋友。

人生短短数十寒暑，在有限的岁月里，可以借旅游增长见闻、广结善缘、充实知识，扩大我们的生活领域，开拓生活空间，让自己走向世界。旅游时，应该抱着寻师访道的心情，才不会有"如入宝山，空手而回"之憾。

欢喜满人间

人有很多心理的毛病，例如忧愁、悲苦、伤心、失意等。佛经形容人身难得如"盲龟浮木"，一个人在世间上一年一年地过去，如果活得不欢喜，没有意义，那又有什么意思？如何过得欢喜、过得有意义？有几点看法：

第一，要本着欢喜心做事

世界上最美好的事情，不外是"欢喜"，能用欢喜心做事，无不成就。有些人遇事苦恼，见到事情就怕，其实只要本着心甘情愿去做事，不计较名利，体会当下因缘，从身不苦，进而做到心不苦，就可以让我们做得欢喜自在。

第二，要本着欢喜心做人

"做人难，人难做"是现代最流行的名言。我们常觉得处事容易处人难，但是弥勒菩萨有一首偈语云："大肚能容，容纳世间多少事？笑口常开，笑尽人间古今愁！"遇事能保持和气欢喜，凡事能一笑置之，不仅有益于自己身心健康，也是对别人布施一份慈悲、宽厚。

第三，要本着欢喜心处境

人生本来就是不断经历考验，处在各种境界里，在行为、心念上，不要轻易否定、负面思考，应该抱持"难遭难遇"与学习体验的想法，就不会有烦恼、苦恼。

第四，要本着欢喜心用心

世间事都在自己的一念之间，以圣人之心看世间，一切人都是圣贤。想法不同，就有天堂地狱之别。聪明积极的人，凡事都往好处想，以欢喜心，想欢喜的事，自然成就欢喜人生。如果凡事都朝坏处想，"心想事成"，终成烦恼的人生。

第五，要本着欢喜心利世

有些人虽然发心至道场服务，或者担任社会义工，但总是做得很苦恼。其实"给"人欢喜，首先本身具足欢喜的条件，才能欢喜。日常服务社会、有利于大众，这些都是广结善缘的资粮，应该要感到欢喜才对，而不要以为苦。

第六，要本着欢喜心修行

《华严经》云："欢喜恭敬心，能问甚深法。"念佛参禅、诵经礼拜，各种修行法门，都是帮助我们消除烦恼、安顿身心、健全思想，假如认为是苦，那就没有价值了。在学道过程中，纵有难事、苦事，能用欢喜心化解，再不顺遂的事，都能转逆境为顺境。

人间最宝贵的是一颗"欢喜心"，诸佛菩萨当中，以"欢喜"成就佛道的，除了众所熟悉的弥勒佛外，尚有欢喜自在佛、欢喜无畏佛、欢喜威德佛等，可见诸佛菩萨早就以此作为修行的常道。科学研究发现，乐观的人比较不容易生病，欢喜要自己去创造，只要愿意"发心"快乐，人生就能够无事不办、无所不成。

快乐偈

每一个人都希望得到快乐，但是快乐在哪里？其实快乐常在我们身边，只是我们不知道，所以有人说："人在福中不知福，人在乐中不知乐"，这是很可惜的。一个只知追求欲望，却不会享受快乐的人，就像一只追逐尾巴的小狗，终日不停地在原地打转，实在愚昧又辛苦。快乐在哪里？提供一则快乐偈给大家：

第一，亲近良师学习乐

我们从小到大接受教育，经历多少老师辛苦地教我们学习为人处事，使我们能够周到圆融；父母、伯叔长辈给我们开导指示，让我们能遵守伦理纲常，懂得进退礼仪；社会上的书籍知识，以及各种的训练班、讲习会，让我们学得谋生技能，使生命不虞匮乏。因此，我们在学习里要感到快乐，更要感恩大众好因好缘的成就。

第二，闻法奉行安稳乐

虽然社会上有各种媒体、信息、学术研究、讲座等可供我们吸收新知，增加阅历。但是如果能有正确的宗教信仰，常常听经闻法，并将听闻以后所得到道德的、慈悲的善法，奉行运用到日常生活中，更是安住身心的依止力量。如《大乘无量寿经》云："闻法乐受行，得至清净处"，法乐是精神上、真理上的快乐，能够放下贪、嗔、痴的狂心，就是一种安稳的快乐了。

第三，大众和合寂灭乐

我们在社会上，通过与人共事，可以广结各行各业的朋友。虽然同行间难免有竞争，但通过竞争正可以激励成长；有时雇主会要求严苛，可是如果没有进步成长，公司也无法永续经营；当然也会有人情浇薄的情况，只要我们不计较、有情有义，而且与人为善，自然能和合没有纷争，而得到寂灭的安乐。

第四，远离忧苦解脱乐

现代社会由于物质科技发展得太过快速，使得许多价值观、道德观遭到扭曲，导致各种痛苦指数升高，自杀、忧郁的人口快速增加。事实上，只要我们能放下心中过分的贪婪、愚痴与对立，凡事随缘随喜，就能远离忧苦，得到解脱的快乐。

世间上功名富贵的快乐非常有限，真正的快乐必须来自我们的内心。能够拥有一颗欢喜感恩、乐闻善法、怨憎平等、寂净知足的心，快乐的活水才能源源不绝地涌现。

贫富贵贱

我们生活在人间，必须有一些资粮。就算是在深山修行，也须找到水源充沛与山果丰美之处，才能安心自修。世间有所谓"开门七件事，柴米油盐酱醋茶"，意思是日常生活要有起码的条件。一旦有了这些基本的诉求，才能进一步完成生命更高层次的目标。

可惜人们错把追求物质当作人生的目的，那就发展出计较与比较之后的贫富差别，比如"贫居闹市无人问，富在深山有远亲。""富家一席酒，穷汉半年粮。""宁吃少年苦，不受老来贫。""有钱能使鬼推磨，无钱难倒英雄汉。"这些都是来自民间深刻的感叹，但是贫与富，自有其因果来由，以下四点说明：

第一，富足来自知足

知足第一富，如颜回"一箪食，一瓢饮，在陋巷。人不堪其忧，回也不改其乐。"这正是安贫乐道的典范。台湾企业家郭台铭接受媒体访问时，他说因为父亲是公务员，从小给他们安贫乐道的身教。所以，虽然已经非常富有，但是最快乐的事还是吃一碗妈妈亲自煮的面。这时候，坐在老旧的藤椅上，比别人坐在高级的沙发上还要满足。郭先生是真富足之人，所以能有这种体认。一个人拥有再多，如果内心不知满足，那种精神上的贫穷更加可怜！所以，人的富足并不是看在金钱数字上的多少，而是看一个人知足或不知足。

第二，尊贵来自谦卑

老子曰："上善若水，水善利万物而不争。"由于水性谦下，总是往低处流，所以世间万事万物都受到流水默默的哺育。世界最高屋脊的喜马拉雅山冰川，所孕育的七大河流：恒河、印度河、雅鲁藏布江、怒江、长江、黄河、湄公河，提供了亚洲印、中、尼、泰等，十数亿人的水源。所以山顶上冰雪的高贵，恰是来自谦下的流水。有德的君子，他的尊贵，正是因为他的谦下利民而不自以为崇高。

第三，贫穷来自悭吝

什么是真正的穷人？欲望无穷就是一种心里的贫穷。人的心田，并不是用来生长欲望的，而是用来生长菩提慧命，以圆满人生。其实，任何人出生到世间，这宇宙间的财富，都有他的一份，所谓的"一枝草，一点露"。但是，要取得财富，必须先把"手掌放开"。如果你始终紧握着手里的旧物，又如何能取得新的资源呢？想要圆满人生，首先要有"同体共生"的认识，能"喜舍"才是真正的富有。

第四，卑贱来自骄慢

"骄"，就是自大；"慢"，就是以己之长，辱他之短。佛经云："若骄慢生，则长养一切杂染之法。心不谦下，由此则生死轮转，受无穷苦。"凡夫不知宿命，故常骄慢，因为骄慢，所以不畏造恶受果报、不愿悔过，也不精进于修行万善。佛陀时代，时时陷害佛陀的提婆达多，因为骄慢，竟想以世俗的领导权来取代佛陀内证的光明，却永远受到世人唾弃。佛陀的侍者阿难，则因为具有谦下的美德，人人都称他为"尊贵的阿难尊者"，直至今日，还受到大家的赞扬。

所以，关于"贫富贵贱"的因果：人之富是知满足，人之贵是能谦下，人之贫是不知舍，人之卑贱，是因为骄慢自大。以上这四点，可供参考。

平安富贵

平安的生活是什么？能随遇而安就是真正的平安。富贵的生活又是什么？大陆赵朴初老居士，生前曾经赠送我一副对联，上联曰："富有恒沙界"，下联曰："贵为人天师"。老居士深达佛教空观的中道实相，所以明白一个出家僧伽，正因为什么都未曾拥有，反而拥有了三千大千世界。

《中庸》说："君子素其位而行，不愿乎其外。素富贵，行乎富贵；素贫贱，行乎贫贱；素夷狄，行乎夷狄；素患难，行乎患难。君子无入而不自得焉。"意思是说，无论处在什么样的情境之下，都能投入其中，并且安之乐宿的意思。对于平安与富贵，有以下四点看法提供：

第一，父母的平安富贵，是颐养天年

希望父母得到平安富贵吗？人年纪大了，要求的并不多，生活得到照料，有个伴可以聊聊天，有一点正当的嗜好，如果是佛教徒，可以早晚一炷香，回向儿女家庭吉祥和乐，加上念佛、禅坐、课诵，甚至可以参与义工行列，生活可以过得有意义。这样来修身养性、颐养天年，日子就过得很平安富贵了。

第二,儿女的平安富贵,是健康成长

儿女们的平安富贵是什么? 生长在一般家庭,得到良好的教养,随着年龄增加,品德、智慧、体育、群育、美育都能发展。乃至洒扫、烹调、应对,以及生活上的各种技能,都要学习,这样长大后,随处都能应付裕如。更重要的,还要让儿女懂得慈悲心的重要,这才是儿女的平安富贵。

第三,夫妻的平安富贵,是和睦相处

每对夫妻结婚时都得到各种祝福,例如"琴瑟和鸣""白头偕老"。两个在不同环境中成长的人,要如何来"百年好合"呢? 有的夫妻,因为对于生活的态度意见不和,天天吵架。也有些人经过吵架,就像有棱角的石头,互相摩擦后,两人都变得圆融了。也有的人经不起吵架后,内心带来的冲击,最后只有分手。夫妻的平安富贵,可以学习相亲相爱、相敬如宾、相互扶持、相知尊重、彼此包容,最后能和睦相处,这才是婚姻生活中的平安富贵。

第四,事业的平安富贵,是生活有序

一个人努力在事业上求发展,终于成功了,事业愈做愈大,金钱堆积如山,令人欣羡,却不一定能得到平安富贵。大部分人因为事业繁忙而晨昏颠倒,家庭与身体都赔上了。这时候你问他想要什么? 很多人都会说:"我只想过平凡的日子,想要生活有序,不必太多应酬,能多一点时间陪陪家人,这就是最好的享受了。"

理性一点,将生活调适得规律一点,每天生活有序,可以带来头脑的清明,以及感情的平和。许多做大事业之人,其实他们的生活很简单,在物质上也不希求奢华,比一般人还要更接近于修行人的生活,因此而能平安富贵。

各种富有

真正的富有，不在于有多少土地、有多少股票、有几栋大楼、有多少存款。贫富不能只看形相上的多寡，有谓"观念就是财富"，一个人有健康，健康就是财富；有欢喜，欢喜就是财富；能知足，知足就是财富；有道德，道德就是财富。除了这些，对于财富，另有以下四点看法：

第一，目中有人，富有助缘

有些人自命不凡，总认为自己是群体之中最好、最杰出的，瞧不起"我"以外的人。但是，你目中无人，别人的心中又怎会有你？观世音菩萨"慈眼视众生"，所以能为众生之依怙。"人我之道"是人际间最奥妙的一门学问，我心中有大众，大众心中有我，彼此间有关系、助缘，相处上自然容易付出爱心、关怀，人我关系就能圆融。

第二，口中有德，富有福报

一个国家的人文素养愈好，对口德重视的程度就愈高。荀子言："赠人以言，重于金石珠玉；观人以言，美于黼黻文章；听人以言，乐于钟鼓琴瑟。"讲话要有道德，切忌口不择言、造谣诽谤。现在网络上充斥庸俗的八卦新闻，不但有损个人私德，对整个社会教育与国家形象都会产生负面影响。

第三，法中有情，富有和谐

有法律的规范，我们的生命、权利才能获得保障，但是法律之外，也应有一点人情，如仙崖禅师"夜凉了，多加一件衣服"一语，感化夜游沙弥；良宽禅师说自己"年纪大了，鞋带都系不动"，让他的外甥革面洗心。过去，法家主张积极变法以富国强兵，通过严刑峻法使万民承顺。但是，严苛的暴政，会引来人民强烈的反弹。因此，法中有情，才能顺利和谐地成事。

第四，心中有佛，富有欢喜

一个人如果心中有佛，眼里看到的必定都是佛的世界，口里说的话都是佛的语言，身体所做的都是慈悲的事情。人人心中有佛，人人用佛心待人，就是一个充满欢喜的佛土了。

有些富有的人，有钱却不会用、不肯用，甚至将钱用到不好的地方。如此，虽然有钱，不也和穷人一样？相反的，有的人不被欲望所役使，虽然一无所有，却能以无为有，自在逍遥，即是因他们享有内心能源的富有。

富之源

木有根，水有源，人人希望富贵，不希望贫穷，富贵也要有富贵的根源，它不是"希望"就能拥有的。到底富贵从哪里来？以下四点：

第一，手足勤劳

我们有双手，双手可以万能，我们有双脚，双脚可以走遍天下。傅斯年先生有一句话："上穷碧落下黄泉，动手动脚找东西。"你的手不用，就会懒惰，脚不走，就会懈怠，只要靠着手和脚，作家多写一点文章，工人多做一点事情，农民多忙一些农作，甚至做家务，用双手扫扫地，抹抹桌子，养成辛勤劳动的习惯，这还不富贵吗？手脚并用，是富贵的来源。

第二，身体健康

所谓"健康第一富"，一个人有再大的富贵，但是身体不健康，乃至卧病在床，也是不能享有，因此要珍惜身体，保护自己的健康。身体有病，心有余，力不足，想要做什么，都备感困难，生活失去所依所靠，人生失去奋斗目标，家人为你辛苦，甚至国家社会，也要为你付出医疗成本。因此，自我保健，健康就是富贵的来源。

第三，心中欢喜

有财富不一定快乐，你有钱，他人嫉妒眼红，甚至担心给人欺骗、被人偷去、妻子儿女被人绑架撕票，因此有钱也会令人烦恼。甚至拥有再多的财富，只会积存，却不知道如何使用，心中没有欢喜、没有安乐，人生也没有什么意思。反之，我虽不富贵，但我自在幸福，我适意满足，我平安无争，我懂得布施，自他欢喜，那就是一种富贵。

第四，脑生智慧

有的人用力气赚钱，有的人以金钱赚钱，有的人则用智慧赚钱。用智慧赚钱，不但赚自己一个人的钱，他会替大众赚取财富，替社会谋求福利，替人间创造福祉，像科学家、哲学家、宗教家，他们贡献脑中的智慧，心中想着利益众生，这是富贵的来源。

源远流长，来自活水；枝繁叶茂，来自深根；想要获得富贵，以上这四点来源，不可忽视。

富贵之源

许多人想升天成仙，但是"升天自有升天福，未必求仙便是仙"；没有人不喜欢富贵，可是富贵也要有富贵的因缘。有人从富翁落魄为乞丐，也有人在贫困潦倒后努力致富，因此，什么是得到富贵的因缘条件呢？以下有四点：

第一，对钱财要及时行施

佛经云："为人大富，布施中来。"诸佛菩萨三十二相、八十种好，都是从累生累劫修习布施而来，大乘法中的六度万行，布施是第一波罗蜜。所谓"鲋鱼困涸辙，难待西江水"，海水虽多，不能挽救一个饥渴的人；一掬水虽少，却可及时拯救一个饥渴之人的性命，你想要"待有余而后济人，必无济人之日"，因此要懂得及时布施钱财。

第二，对他人要不生轻慢

佛陀的身相高大殊胜尊贵，是从不轻慢一切有情，慈悯一切众生而来。富有尊贵，是人所尊崇的，假如你对别人怀有轻慢心，他人怎会尊敬你？你就是富贵，也是贫穷，因为人家不欢喜你，甚至看不起。所以，对他人不生轻慢，才能得到富贵的果报。

第三，对苦难要欢喜帮助

世界上苦难很多，有战争、饥饿、贫穷、天灾人祸，更有内心贪嗔痴煎熬恐怖等等。佛经云："菩萨以慈悲为本，于一切众生常起饶益心。"对苦难的人，要以欢喜、心甘情愿的心去帮助，替他解除怖畏，甚至不用对方感谢、回报，受苦者得到依怙，布施者也获得启发，这种布施、协助，才是无相的功德。

第四，对做事要不忘因果

佛教讲"如是因，如是果"，《因果经》云："富贵贫穷各有由，夙缘分是莫强求；未曾下得春时种，坐守荒田望有秋。"荀子也说："荣辱之来，必象其德"，这都是说明贫富荣枯必有因缘果报，你做事必须勤劳踏实，努力播种耕耘，才能有福田可收。

财富是民生命脉之所系，却是五家所共有，所谓"千金散尽还复来"，有时富贵也不一定要从经济上去衡量，财富去了，还会有再来的时候，但是如果欲望无止尽，没有用钱的智慧，即使拥有再多，也会觉得匮乏；反之能够及时行施、欢喜帮助、不生轻慢、不忘因果，这才是无上的富贵。

幽默是什么？

有一位 30 多岁的小姐，一直不结婚，她说："等到我找到有幽默感的人才结婚。"可见幽默感有多么重要。幽默是什么？有四点：

第一，幽默是弥补缺失的针线包

衣服破了，可以用针线弥补起来。人际间的语言有缺失，则要靠幽默的机智来应对。圆瑛老和尚有一次开大座讲经，结束后，本来维那师应该呼："打引磬，送老和尚回寮"，一时太紧张，讲成："打老和尚，送引磬回寮"。法师一听，边走边说："不用打了，我自己会走"。所以，一句幽默的话，就可以把人际间不小心造成的疏失缝补起来。

第二，幽默是难堪挫折的平衡杆

人难免遇到难堪，或是受到挫折，假如这时能有人说一句幽默的话，就可以让难堪挫折转换，得到一个平衡。有两个观光团到日本伊豆半岛旅游，遇到路况维护，到处都是坑洞，旅客怨言四起。一位导游连声说："这路面简直像麻子，抱歉！抱歉。"另一个导游却诗意盎然地说："诸位先生女士，我们现在走的这条道路，正是赫赫有名的伊豆迷人酒窝大道。"一句幽默的话，正是这样平衡了起伏的心情，化解了尴尬的难堪。

第三，幽默是待人处事的润滑剂

西方人崇尚幽默，不仅把幽默看成一种可爱的性格，而且视为可贵的品质。林肯竞选总统时，对手以严厉的口吻批评林肯是个伪君子的"两面人"云云。林肯想，要解释自己不是两面人，实在煞费口舌，不如用另外的方式说吧！他指着自己有一张不怎么好看的脸说："如果我有另外一张脸的话，你想我还会戴着这张脸吗?"林肯的自嘲，让所有的听众鼓掌哈哈大笑，他的幽默，成了润滑剂，化解了一场尴尬，更彰显他高贵的风格。

第四，幽默是导引人生的智慧路

幽默是人生的灵巧，是生活的美味，有了幽默，就能导引我们人生智慧的道路。石巩未出家时，遇到马祖道一禅师。禅师说："我也善猎，你一箭射几只?"石巩说："一只。敢问禅师一箭射几只?"禅师回答："一箭射一群。"石巩大惊："彼是生命，法师何必射一群?"禅师幽幽道："你既懂这个道理，为什么不自射?"石巩一时语塞，从此放下弓箭，跟着禅师出家学道。

退一步看

中国的山水泼墨画，要退一步看，才能得其壮阔神韵；起源于西方的油画，也要退一步看，才能知其稳定厚实。其实人生也像一幅画，要怎样退一步看，才能观得全面呢？以下六点意见提供。

第一，承担，动不如静

我们承担做一件事情，有时候一动不如一静，不必四处宣扬做了什么，等到做出成效来，才能让人刮目相看。

第二，责备，言不如默

有时候我们对部下、同事、朋友有所指正纠举时，用语言不一定有用，用沉默的感化，反而更有效果。你看，佛陀的"默摈置之"对治恶人；维摩居士的"一默似春雷"，力量其大无比，所以，"言不如默"。

第三，权势，显不如藏

螳臂挡车之势，徒增笑柄；小人装腔作势，令人反感；有权有势，不见得获得别人的信服。因此权势显赫的时候，不如掩藏自己的权势，你不以权势待人，反而能得到朋友大众的认同。

第四，钱财，取不如舍

君子取财，取之有道，其实比取更高的境界是"舍"。所谓舍得，能"舍"才能"得"。能舍，表示你富有；能舍，表示给得起。假如只想要获得钱财，没有种下布施喜舍的因，哪里有富有的结果呢？

第五，仇恨，记不如忘

人与人相处，遇到了误会，甚至有了仇恨。有了仇恨时，你不必要去记仇，甚至最好忘记它，正如唐雎所说："人之憎我也，不可不知也；我之憎人也，不可得而知也。人之有德于我也，不可忘也；我之有德于人也，不可不忘也。"能忘记仇恨，心里的空间就变大了。

第六，做事，巧不如拙

有时候我们做什么事，总会有一些讨巧的想法，以为这样就能得到便宜。其实取巧不一定很好，所谓"事有所至，而巧不若拙"。大巧若拙，你笨拙一点、踏实一点，反而会给人信赖。

进步的人生，固然积极进取，退步的想法，也是向前之道。以上这六点，可以参考。

动气的缺陷

气概指一个人的意态、气度和情绪。除了呼吸的空气外，每一个人体内都有血气或元气；一个人的才华，称为才气；勇往直前无所畏惧的气魄称勇气；刚毅不屈的气概，是骨气；对人有礼是客气，骄矜傲慢是骄气；脾气不佳，遇事容易动怒是火气。

俗谚说："人争一口气。"可见"气"对于人是很重要的，一个人的气调不调，对健康、人格也有关系。所以，佛教参禅打坐修行，除了调身、调息，也注重调气。人最好保持平和之气，随便动气，将有五种缺陷：

第一，害愁则气结

一个人有喜欢忧愁、生闲气与闷气的忧郁性格，就好像心腹中打了结。面常带愁容，不仅旁人瞧之不喜，就中医的看法，他终久也会生病的，因为气血不通，郁积不开，就如阻塞的水沟，将会蚊蝇丛生，臭气冲天。

第二，愤怒则气逆

脾气暴躁的人，动不动就生气、骂人，人在发脾气时，都是面红耳赤，就表示这时候气不调和，逆其道而行。就如火车不是顺着轨道走，又如汽车逆向行驶，这是相当危险的。常听到有人一气之下，血压急遽升高，而赔掉一命，真是不值得！

第三，恐惧则气陷

大家都知道，狗害怕时，尾巴就垂下。人也一样，一旦恐惧害怕，气就陷落下去，心就不安了。恐惧对人有很大的影响，会障碍学习效果；会让人自觉气短，没有足够的信心完成目标；万一生病，恐惧心也会阻碍康复能力。切莫让恐惧主导你的心灵。

第四，拘迫则气郁

拘迫犹如坐牢，被拘禁的人，活动空间只有六尺见方，失去自由，不得自在。心里拘迫，气就郁结，大有志不得伸之叹，郁郁寡欢。如果觉得自己常有拘迫感，不妨学习布袋和尚，以"笑口常开，笑天下可笑之人"的游戏三昧来看待人生。久之，就懂得如何海阔天空、悠游自在地过生活。

第五，急遽则气耗

处于现代社会，凡事求快，说话连珠炮，吃饭找快餐，处理事情风风火火，走路三步并作两步。太着急、快速，会消耗太多的气，如果又不重视养气，消耗的元气不补充，体力就会急速耗损。其实"事缓则圆"，将事情按轻重缓急排列，再按部就班地处理，反而能够圆满完成，也不会造成身体太大的负担。

气的运行顺畅与否，与身体健康关系甚为密切。气行不畅有五大缺陷，应慎防随便动气。

喜怒哀乐

一个人在生活中，经常会有喜、怒、哀、乐的情绪。凡夫的心不定，容易受外境的影响，被外在事物所系缚，于是得意时欢喜，失意时生气，伤心时悲哀，欢心时快乐。甚至一天当中，情绪就在喜怒哀乐中来回几次。喜怒哀乐既然是生活中免不了的反应，要如何对应这些情绪？在此提出四个看法：

第一，喜不大笑

有些人一遇到得意事，眉开眼笑，喜形于色。心中欢喜固然很好，但切忌得意忘形。佛教有"笑不露齿"的规矩，这不是限制我们表露心中的欢喜，而是有威仪的人，会以微笑表达，不是露齿大笑。所谓"对失意人不谈得意事，处得意时莫忘失意时"，当你正得意时，岂知身旁没有失意人？因此，要收敛自己的欢愉，不要让自己的欢喜成为他人的刺激。

第二，怒不暴跳

有的人遇到忤逆事，立即面红耳赤，暴跳如雷，拍桌子、摔东西、抡拳头、破口骂人，其实这些都是不明智的举动。暴跳如雷不仅会损伤身体，且会使事情复杂化。有的人在盛怒时，血脉偾张引起内耳供血障碍，因而得了突发性耳聋。有的人一气之下，一命呜呼哀哉，损失更惨重。盛怒暴跳不仅无法解决问题，反因为失去理智，而得罪更多人，使事情复杂化，增加处理的麻烦。因此，要心平气和地处理心中的怒气。

第三，哀不嚎哭

遇到哀伤的事，有些人以"哭"来面对，大哭、痛哭、嚎哭，哭得六神无主，哭得浑身无力。但是，哭只有伤身，不但不能解决问题，且消耗了自己的能量。遇到悲哀的事情，要沉得住气，甚至眼泪不轻流，才能化悲愤为力量，才有精神作最好的应变。

第四，乐不轻佻

有人习惯以手舞足蹈、高歌狂欢，来表达自己的快乐，这种动作太过轻佻。佛经说："若谓乐着色，放逸之所使。"就是指那些恣意宣泄快乐情绪的人；又说"乐极而害至"，就是劝人要谨防"乐极生悲"。因此，我们在日常生活中，可以随时保有欢愉快乐的心情，但是，动作举止仍要中规中矩。

《中庸》说："喜怒哀乐之未发谓之中，发而皆中节谓之和。"生活中面对喜、怒、哀、乐的情绪，若能记取这四个要点，也可以算是达到"中节"的标准了。

耐烦的好处

耐烦，是修行的第一步，也是做人处事的首要条件。耐烦，表现在外，是低头下视；蕴藏于心，是沉着默照。耐烦的人，能够包容一切人、事、物、境的纷攘，不怕干扰；耐烦的人，能够观照内心的杂念妄想，消融烦恼。因此，无论在什么时候，做人要耐烦，才能有人缘；做事要耐烦，事业才能成功。耐烦的好处有四点：

第一，耐烦的人，读书才会深入

没有读书习惯的人，才开始发心要读书，拿起书本来，总觉得是一件枯燥乏味的事。你必须耐烦，一而再，再而三地咀嚼书中的奥义玄理，反复思考古圣先贤之道，才能读出哲理，甘之如饴，优游法乐之中。所以宋朝朱熹在《训学斋规》说："读书要眼到、口到、心到。"这就是耐烦的基本条件。如果心不在焉，眼睛看不仔细，心眼既不专一，只是散漫诵读，又怎能深入呢？

第二，耐烦的人，做事才能圆融

《禅苑清规》记载：丛林里的化主，在前往檀家时要"预先点检门状、关牒、书信，恐有差误，及备茶汤人事之物，低心耐烦，善言化导"，才能称职。丛林如此，其他亦是。所以，耐烦的人做事，不会虎头蛇尾；耐烦的人做事，不会后继无力；耐烦的人做事，深思熟虑，所以能够融会贯通，事理圆融，这就是耐烦的好处。

第三，耐烦的人，事业才会成功

一个人无论从事什么事业，没有耐烦恒心，很难把事情做得成功。有"人间瑰宝"之誉的敦煌石窟，从开凿，历经数代增建，渐成千余石窟群。如果没有这些耐烦的僧人、艺术家，前仆后继，个个穷尽一生的智慧与生命来雕琢，哪能完成这惊天地、泣鬼神的奇伟杰作，传于后世？

第四，耐烦的人，修行才有成就

念佛的人，经年累月，时时刻刻，分分秒秒，不曾离开一句"阿弥陀佛"；苦行的人，穷一生之力，早晚诵经、礼拜、禅坐、服务，他不会感到无所事事。因为他耐烦，一以贯之，非要念出自性弥陀，见到自己的真如佛性不可。因为他能够这样耐烦，所以修行能够有成就。

和谐

世间以和为贵，不和谐的人生就有痛苦。所谓"家和万事兴""兄弟同心，力可断金"，和谐才有力量、才有幸福。世界要能和平，人与人之间的和谐是关键，和谐是双方的事情，不是单一个人的事，对于"和谐"有四点意见：

第一，亲友要和谐

失落时，亲友给予我们精神上的支持；得意时，亲友与我们分享喜悦。亲友因为有缘而得以相聚，因为相处而相互帮助，和我们的关系最为密切，因此亲友间最重要的就是彼此往来要和谐，你尊重我、我尊重你，你体贴我、我体贴你，大家互相友爱。

第二，同事要和谐

一个团体的成就，并不是一个人所能完成的，需要很多的成员共同合作努力来促成，所以一个团体想要有力量，成员要和谐相处才能凝聚共识。同事是和自己在同一个单位工作的人，同事间的关系，势必影响团队的发展，因此同事之间要能相互忍让、相互原谅、相互协助，才能在和谐中共同圆满事情。

第三，社区要和谐

社区是由很多户人家共同组成，彼此不是亲戚家眷，却共同生活在一个区域里，在这个范围内的每一分子，都可以共享区域内所有的服务与利益，因此，要营造一个具有美好生活质量的社区，有赖大家齐心协力来创造。倘若社区中的每一分子都能有守望相助的观念，互相观照，常相往来，见了面，招呼问候，人与人的距离就会缩短，成就一个和谐的社区。

第四，族群要和谐

一个国家、一个社会，乃至一个地区都会有不同民族的人共同生活在同一个环境里，如果老是要分你是哪个地区的人、你是哪个民族的人，久而久之就会削弱整体的力量。虽然人类因为肤色、语言、文化的不同而有民族之分，但是大家都生存在同一个地球上，互相包容是很重要的，有了生命共同体的观念，族群之间才不会有冲突，世间也就能够和谐。

所谓"和气致祥，乖气致戾"，和谐的色调令人舒服，和谐的环境令人自在，当然和谐的人生更是重要。

美言

语言是人和人互动的桥梁，是彼此建立关系最好的渠道。好听的话人人爱听，不好听的话人人避之唯恐不及，因此人要多说好话，才能广结善缘。什么是美言？就是说赞美、鼓励、安慰、给人方便，能成就他人信心的话。美言何以如此重要？

第一，美言暖如布帛

一件暖烘烘的毛线衣，温暖了寒风中畏缩的人；一句善言美语，温暖了饱受人情冷暖的世间人。人不管是坚忍还是柔弱，不管是富有或是贫困，都需要他人的关怀，而语言是最能直接影响人的表达方式。多说好话，能令人心感受到温暖；冷言冷语，则如同利剑足以伤人。

第二，美言亮如珠玉

古圣先贤的一句话，之所以能流传千古，为世人所引用称颂，就是因为他们的话像珍珠白玉般清净，蕴涵的智慧有别于一般自私、分别、谬妄的语言，能为人心带来启发；一句美言，能使一时跌入无明深渊的烦恼人如饮醍醐，获得"听君一席话，胜读十年书"的欢喜。

第三，美言妙如梵乐

动听的乐曲，如同苏轼《赤壁赋》所言："余音袅袅，不绝如缕。"令人听了欢喜、感动。好听、赞美的话，就好比天上的梵音妙乐，婉转悠扬，犹如抖落凡尘扰攘，令人身心清净安然。因此，说话要真诚，有内涵，让人觉得听你讲话是一种享受。

第四，美言香如莲花

好言好语，如同莲花散播的淡淡花香，清新而持久，令人心生欢喜，即使有满腔的怒气，也随之消融；反之，嗔语恶语，则令人不喜耳闻。心中常存善念，常怀感恩的心，犹如口吐莲花，芳香四溢，听者犹如沉浸在花香中，舒畅无比。

佛教经典中提到，毕陵伽婆蹉有心想要说好话，却一再口出恶言，可见说好话需要在日常生活中酝酿、养成。老子也说："美言可以市尊，美行可以加人。"一句善良的话可以感化人向上向善，所以何谓"美言"？有以上四个譬喻。

如何说话

常言道："多说多错，少说少错，不说不错。"话，人人会说，但如何说得合宜、得体、巧妙？在《须摩提经》里，有四点提供我们参考：

第一，不传说恶言，免生离间

话可以说，但要说好话！切莫说人长短、搬是弄非、传播恶言，因为如此行为只会离间彼此。俄国作家列夫·托尔斯泰在《智慧历书》里也说："要警惕自己不可以言辞挑拨是非，破坏人们的团结。"我们须时时自我提醒，勿使自己的舌头犯下过失，所谓"是非止于智者"，要能不说恶言、不传恶言；所有的是非、恶言，到我这里便能截止。

第二，要指导愚人，使其向善

"称人善者，人亦道善"，生活之中不免会遇到口说恶言、搬弄是非的愚人。遇到这种人，我们应该发挥道德勇气制止他，甚至开导他，让他懂得慎言，请他不要陷人于不义。要让他能齿露芬芳、传人善美；美好的语言，如同优美的乐章一般，能长养众人的真善美。

第三，遇嗔恨毁谤，勇于辩白

所谓"好事不出门，坏事传千里"，有些人好像与说好话有鸿沟，而有好谤言毁语的习性。甚至一句好话经过三个人转说，最后竟成为坏话；一点小事经过三个人叙述，往往变成大事。"毁谤人、欺负人，必损其阴德"，当我们遇到嗔恨、恶意的话，听到毁谤他人名誉的言论时，要伸张正义，勇于替受害者辩白；否则起码做到自己不听，劝他不说。

第四，说善言爱语，令趣正道

"爱语如布帛，让人心温暖；好话如美玉，让人喜于引用。"我们若是口说恶语，当然自污其口；如果能吐露善美的话，即是"口中无嗔出妙香，脸上无嗔是供养"，能说善言、爱语，就是帮助人、利益人，让别人因得到善言爱语，而能趣向正道。

"莫说他人长与短，说来说去自遭殃；若能闭口深藏舌，便是修行第一方"。所以我们应该提倡三好运动——"做好事、说好话、存好心"，为人世间增添更多美好的色彩。

会说话的要领

在我们的生活里，离不开说话；人与人之间的交流、传达心意，都要靠语言来沟通。有些人说话随便，开口乱说，令人不敢与他亲近；有些人则叨叨不休，言不及义，时日一久，令人不敢与之相处。另外也有些人话不投机，意见分歧，就大打出手，甚至为了一句误会的话，相互仇恨几年。

所以，与人交往要重视会话的要领，这里有四点意见：

第一，语气诚恳，令人欢喜接受

说话，首先要让对方感觉到我们讲话的态度诚恳、语气正直。如果我们说的每一句话，总是发自肺腑，就不会因拙于言辞而造成别人的难堪，只要语气诚恳，即使是教训或是建议，也会像洪钟敲响，令人震撼，对方会因为你的诚恳而接受。

第二，见解深入，令人欢喜学习

说话要说一些有见解、有看法，有启发性、有建设性，能帮助别人解决问题的话。当对方因为听了你的话，感到"茅塞顿开"或是"豁然开朗"，他就会心生欢喜而乐于学习。

第三，事理圆融，令人欢喜领会

说话，不能只讲空泛、不切实际的道理，也不能只讲虚浮、表面、没有理由根据的话。《华严经》讲"事理圆融"，即是说将事和理融会贯通，才能让人欢喜领会。

第四，佛语法义，令人欢喜奉行

有人在弘扬佛法的时候，一味地说教、讲理，无法契合众生的根基和需要，说了等于没说。

因此，与人说话，最好能讲一些有利于他的生活、工作，或和他的家庭、人生、事业、生命相关的事。如此，法义才能真正利益大众。

一句善心美言，即是天堂的花香；一声嗔恨恶语，即成地狱的刀剑。会话的要领，是我们必须重视的。

忠言如良药

众生的根性，大都喜欢柔软语，不喜呵斥语；喜欢甜的，不喜苦的；喜欢顺心的，不喜欢违逆的。甚至喜欢随心所欲的逍遥，而不喜劳其筋骨的付出。但是，难道听好听的话，吃到甜头，人家顺着你的心意，又能够随心所欲，就是好事？在此提出四句警言，供大家参考：

第一，忠言逆耳利于行

当听到父母、师长、朋友、领导直言劝诫，或别人说话太大声、做事太粗鲁、态度没礼貌……不少人当下会觉得心中不舒坦，甚至恼羞成怒，故意说得更大声、东西摔得更响、举动更粗鲁，以此表示自己的不服气。

有句话说："只看到对方的刺，却没有看到自己眼中的梁木。"每个人都有自己的盲点，别人正直地规劝或许显得刺耳，但是如果能听进记下，必定有利于自己的行仪。

第二，良药苦口利于病

很少药是不苦的，也有聪明的药商懂得人"不爱吃苦"的本性，于是苦药包糖衣，骗过味觉。药虽苦，却是疗病所需，若为了不吃苦而损及性命,那就愚不可及。对习惯松散放逸生活的人,戒律、法规就犹如苦药,觉得是约束身体自由的绳索。但是,若贪享短暂的欢乐、逍遥,而犯规蹈法,甚至铤而走险,那就因小失大了。

第三,巧言顺心害于道

有些恭维的话,让人听了心花怒放;有些人说话很有技巧,拐弯抹角,让听的人不起戒心;有些人舌粲莲花,却没半句实话。修饰巧妙的语言,虽然让人觉得动听顺心,但是愈是好听的话,愈要琢磨其真实性。孔子说:"巧言令色,鲜矣仁。"又说"巧言乱德",是有其深意的。

第四,醇酒美色害于身

世俗人有视酒色财气为最大享受者,《佛本行集经》却说:"放逸自在,耽荒酒色不能舍离,譬如金屋猛火炽然,譬如美浆和诸毒药。"沉溺在醇酒美色中,一则会伤害身体,二则会耗损财产,对道德也没帮助。因此,切莫贪图好酒美色。

事相上所显现的好与坏,往往与本质的善恶有差距。别人对你好,也不见得真好;表面对你凶,也不见得真恶;吃到苦头,也不见得真坏;尝到甜头,也不一定占了便宜。能看清真相的人,肯定能过着较清明的生活。

语言的因果

人与人之间，语言是最直接的沟通工具，也是最直接的感受。《无量寿经》载："粗言自害害彼，彼此俱害，修习善语自利利人，彼我兼利。"另外也说："若人生世中，口常出刀剑；由此恶说故，常斩于自身；若赞于恶人，毁谤贤善者；由口生众过，定不受安乐。"这都是在说明语言表达的重要。因此，言谈之间，语言的修行是一门大学问，不能不重视它的因果关系：

第一，以言媚人者，人轻之

一个人一味用语言奉承他人，以谄曲的态度献媚他人，只会给人看不起，招致他人的轻视。像唐朝媚臣张易之、张昌宗兄弟，千年至今，仍为人所弃；清朝和珅，尽管言语讨喜，百年之后，也只留下"弄臣"之名。

第二，以言诱人者，人骂之

用语言诱骗他人上当，像人蛇集团、不法的职业介绍所，或诱骗少女，或诱拐年轻学子变坏，走上歧途，必定引起大众的唾弃，咒骂其不仁义、不道德。

第三，以言励人者，人敬之

所谓："与人善言，暖于布帛；伤人之言，深于矛戟。"能赠人善言，给人勉励，给人鼓舞，可以助人上进，增添信心力量，必然会得到尊重敬意。反之，若处处讥讪他人，就好比矛戟，伤人甚深。

第四，以言慰人者，人爱之

《维摩经》说："弟子众尘劳，随意之所转。"对于不同性格的人，就要有不同的对待方式。尤其能对苦难、失败者，施以开导，或软言慰藉，让他不伤心、不悲观、不退缩，会赢得他的信赖与敬爱。

第五，以言训人者，人畏之

在教育上，严与宽各有功用与意义。但是语言上的教训，也要让对方堪受得起，欢喜接受你的教导。否则过分地教训、过分地苛求，只有让人家看到你，就感到害怕、保持距离，那就失去教化的意义了。

第六，以言诳人者，人弃之

用语言欺诳骗人，当下或许不为人所察知，所谓日久见人心，对方一旦知道你在欺骗他、欺负他，他就会摒弃你，不再理会。如同土耳其谚语说的："爱说谎的人，即使他的房子烧光了，别人也不会相信他家失火。"

一句真话，可以生死相交；一句坏话，可以反目成仇。有谓："喜时之言多失言，怒时之言多失礼，哀时之言多失常，乐时之言多失态。"虽是一句话，因为语言的效果影响甚大，不能不重视引起的好坏因果。因此这六点"语言的因果"提供给大家。

如何听话

一般人对于说话，通常只讲究如何口若悬河、辩才无碍。说话，固然是一门艺术，如何会听话，更是一门学问。一个人如果不会听话，就不能通盘了解人事、人情，甚至不能了解人心；如懂得善听、会听，则家人、亲戚、朋友、领导、部下，甚至整个社会民情风俗、政经脉络，你都能了然于心。因为你从对方的言语里，得到很多的道理，得到很多的信息。因此如何听话？有四点看法：

第一，能知言者的人品

有些人一开口，就能从他说的内容里，知道他的品格道德。有的人喜欢挑拨是非、捏造事实；有的人言语如冰、语如荆棘；也有的人"乌鸦嘴"，爱逢人说项，甚至口出脏话恶语。但是，也有人惜言如金，有人一语如千斤之鼎。像东晋王献之少言，宰相谢安赞许他贤良；俄罗斯作家索尔仁尼琴说言正论，发人深省，其道德勇气，震撼世界。

第二，能知言者的意向

有时候，从言语中，也可以辨别出这话究竟是开导我，还是启示我？是责备我，或是要求我帮助他？所谓"弦外之音、意在言外"，只要对方一讲话，虽然主题没有明说出来，我们也要能够察颜观色、审慎言听，从他的语言里，判断讲话的意向与动机目的。

第三，能知言者的识见

人云："行家一出手，便知有没有。"只要对方一开口，我们便能从他的言谈举止里，了解他的知识、见解、思想，到达什么样的程度。但是，在洞烛他人之前，自己必须培养识人达事的修为，如《文心雕龙》所言："操千曲而后晓声，观千剑而后识器。"具备深广的阅历与广博的识学，才能通晓世事、练达人情。

第四，能知言者的气质

对方一讲话，不论愤怒的言语，或者委屈的心声，语言代表他的心理状态，他的想法，从话里很容易就可以察觉出他的气质如何。有的人让你感受到他的气质高尚，如陶渊明《归去来辞》，淡泊不拘；苏轼《放鹤亭记》，超俗离尘；乃至禅门古德不慕荣利、俭朴洒脱，有着安贫守道、幽默慧黠的气质。但是也有人一跟你讲话，所谓"狗嘴里，吐不出象牙"，三言两语，就让你觉得他的气质粗俗。

所以说，会讲话是学问，会听话则是智慧。我们从说话里，学习如何适切地运用语言，从会讲话里，更要懂得如何会听话，才能听出学问，听出道理，听出善巧。如何听话，这四点可以供我们参考。

说话之妙

古人说："宁吃过头饭，莫说过头话。"可见说话要说得恰当，说得合时，说得合宜。不需要说而说是多说，该说又不说则不诚，不明就理而说是瞎说，乱传是非是胡说，所以，处世切忌乱开口，说出口的话要合于情理。朱熹说："辞达则止，不贵多言"，如何说话，才能受人欢迎？以下四点说明：

第一，为受窘的人说一句解危的话

助人不是只有在金钱、劳力、时间上的付出，"说话"也可以帮助别人。例如有一些人面对尴尬、不知如何下台的窘境时，你及时说出一句，可以帮他解危。像圆瑛大师的"不用打了，我自己走"，化解维那师的尴尬，这也是助人功德一件。

第二，为沮丧的人说一句鼓励的话

西谚有云："言语所赋给我们的功用，是在我们之间作悦耳之辞。"什么是悦耳之辞，就是说好话。说好话让人如沐春风，让人产生信心，遇到受挫，心情沮丧的人，能给他一些鼓励，给他一些信心的话，这就是以语言给他人力量的助力。

第三,为疑惑的人说一句点醒的话

孙武说:"赠人以言,重于珠玉"。遇到徘徊在人生路口的人,遇到生活关卡左右为难的人,甚至遇到对生命产生疑惑的人,及时给予一句有用的话点醒,有时会改变他的一生,甚至因而捡回一条人命。

第四,为无助的人说一句支持的话

无助的人,对自我信心不足;无助的人,需要他人给予肯定,才有力量。这样的人,经常生活在别人的善恶语言中,一句言语,可以决定他的心情好坏。面对无助的人,我们应该多多给予支持的语言,让他对自己产生信心,肯定自我。

《说苑》:"君子之言寡而实,小人之言多而虚。"话不在多,而在贴切与恰当,如孟子说:"言近而指远者,善言也。"如果说话浅近,但是用意深远,这就是一句好话。所以,话要谨言慎语,才不会让人觉得轻薄,甚至招怨。

说话（一）

人与人沟通，说话是一项重要的方法、渠道。有的人习惯"见人说人话，见鬼说鬼话"，见风使舵，内心诡曲；有的人喜欢"打开天窗说亮话"，坦坦荡荡，开诚布公；而《金刚经》则教导我们要像佛陀一样"真语者、实语者、不诳语者、不异语者"。说话，到底要说什么样的话呢？有四点意见：

第一，说欢喜的禅话

在家庭里、团体里，彼此要讲给你欢喜的禅话，要说幽默风趣的巧话，可以带动活泼的气氛，人际关系也会更和谐。坦山禅师一句"不像人，像佛"，解除即将吵架的危机；林肯一句"我到国会去"，化解了场面的紧张与尴尬。一句欢喜的禅话，妙用无穷。

第二，说诚实的真话

你说出来的话，妄语不实，可能短时间察觉不出来，但是"日久见人心"，只要让人听出你的虚假，听出欺骗，他就不肯再相信你了，这在人生旅途上，是非常危险的。所谓"真人面前不说假话"，与人交往，若要长长久久，即使口拙，也要说诚实的真心话，千万不可以"睁着眼睛说瞎话"。

第三,说尊敬的美话

说话要能说得动听,动听的话不是巧言令色,也不是谄媚逢迎,而是从内心真诚发出赞美、尊敬、肯定的话。尊敬、赞美、肯定他人的语言,就像香水,小小一滴,就能弥漫四周,给人芬芳;在适当的时候,说几句好话,别人听了一定感到温馨,甚至感动在心。

第四,说利人的好话

我们每说一句话,都要想:"这对别人有帮助吗?"如果这句话说出来对别人没有帮助,说出来无益,甚至情况更严重,如同古人说的"愁人莫向愁人说,说向愁人愁更愁",最好就不要说了。要想,我不说话则已,要说就说利人的好话,让这一句话,帮助别人建功立业,让这一句话,增加别人信心力量,那才是有用的好话。

一个人要想家庭和乐、事业顺利、做人圆满,不断说以上这四种话,必定可以成功。

说话（二）

有时候，一句话能给人欢喜；有时候，一句话却给人难堪。一句话，可以让人得到很大的鼓励；一句话，也可以令人非常伤心。怎么说话才适宜呢？在《华严经》里有四句偈，告诉我们四种说话的修行方法：

第一，常作润泽语

佛陀教导我们，说话要"常作润泽语"。这样的语言，像天降甘霖，可以滋润大地，成熟万物。像唐德宗在听闻澄观大师宣讲妙法后，说："朕之师，言雅而简，辞典而富……能以圣法清凉朕心。"你的一句善言真理，像甘露润泽众生，可以给他清凉，给他信心，给他成长，给他希望。

第二，闻者喜悦语

说话，要说得让听到我们说话的人，都能心生喜悦。所说的内容，要给他欢喜，给他助缘。假如说得令人感到难受，所谓"蛊犷语，苦他语，令他嗔恨语，如火烧心语，能坏自身他身语"，这就不应该说了。

第三，善入人心语

古人有言："一语动人心。"说话要说得能打动人心，好像法水流入他的心坎，深深地让他对你的话记住。一句"选官何如选佛"，打动了丹霞禅师的心，成就了法身慧命；大颠禅师侍者的一句"先以定动，后以智拔"，也拔除了韩愈的执着，让他欢喜而去。因为听你一句话，成为做人处事的准则，作为生命中的舟航，甚至息去烦恼，心开意解，放下自在，那真是功德无量。

第四，风雅典则语

说话的内容，要有一点风雅，要有一点格调，不能尽说些鄙俗的话。幽默、典雅的话可以增加趣味，令人愉悦；智慧、思想的话，可以自我勉励，成为人生的指路标。让听到你的话的人，觉得受用，他就肯接受了。

经典说："远离说过、轻慢、叹毁、怨嫌等四事，修摄其心，可以得到安乐。"十善业中，口业就占了四种，因此，能说以上这四种好话，不仅他人欢喜，自己也能得到安乐，可以说是一门自利利他的最佳修行之道。

说话（三）

人从生下就牙牙学语，学习讲话。可是有的时候活了几十年，还是说不好话。说话，不是说多，就表示会说。过去有一位年轻人缴了 10 块钱学费，跟着苏格拉底学习讲演。在他大放厥词，陈述一番"讲说如何重要"后，苏格拉底跟年轻人说："你要缴 20 块钱。"年轻人不解："为什么我要加一倍钱呢?"苏格拉底说："因为我不但教你说话，我还要教你不说话。"

如何把"说话"这门功课修好? 有四点意见:

第一，对好朋友要说知心话

所谓"相识满天下，知心能几人"，既是好朋友，就要说知心的话，尤其"人之相知，贵在知心"，你和好朋友深入谈话，真诚恳切，甚至有时候，有一些话不足为外人道，都可以和好朋友倾诉，彼此相互提携、成长，这是非常难能可贵的情谊。

第二，对普通人要说客气话

有谓"交浅言深，君子所戒"，对普通交情者，只能如古人所言："逢人只说三分话，未可全抛一片心。"因为，彼此情谊还不到一个程度，他不能了解你的心意，讲话就不能随意而说，或者说得过于亲昵熟稔，否则就不得体了。因此，对普通人说话即以谨慎、客气、尊重为要。

第三，对失意者要说激励话

"富者赠人以财，仁者赠人以言"，有些人受到挫折，你要给他适当的鼓励；有些人生病了，你要给他柔和的安慰。有时，只是一时的失败，或是短暂的失意，你给他一点激励的话，就是为他加一把力，好比汽车没油了，你加个油，就能增加动力，走得更远。因此对失意的人，要说激励的话。

第四，对年长者要说诚恳话

长者前辈，积累了人生宝贵的经验体悟，丰富的见识阅历，因此我们跟长者说话时，不可玩弄小聪明，或是自以为是，对他们要说诚实的话，让他感受到我们对他的耿直、坦诚、尊重，长者们才会看重我们，这也是年轻人应该要注意的。

说得太多，不好；说的对象不对，也不如法，如何说话？这四点意见提供我们参考。

说话（四）

每个人每天都要说话，从早说到晚，从小说到大。说话，有说话的艺术，说话的巧妙。有的时候，说得不好，自己不知道；有时候想说好，却又不知从哪里说起。以下四点，可以作为我们检视自己如何说话的方法：

第一，不知而说是不聪明

所谓"知之为知之，不知为不知"，不知道的，就不要说。你不知道，又要故弄玄虚，牵强附会，甚至说错了，或说得不得体，说得不合题，这种"强不知为知之"，就是最大的不聪明。常言道"不知者无罪"，这还不如不说为好。

第二，知而不说是不忠实

有时候你知道事情，却不肯说，这是不忠实。佛教的"妄语戒"，不只是说谎、诳言才叫妄语，知道实情而不说，这也是一种妄语。你知而不说，耽误事情，造成遗憾，甚至引起误会，都是不当的。因此，你知道而应该说的，就应该坦诚，应该忠实而说。

第三，想而不说是不坦诚

有些人性格比较怯弱犹豫，常常话已经到了嘴边，却还是开不了口。这表示内心的勇气不足，还不够坦诚。事实上，有些事情应该说的，还是要说。比如知识，可以布施给人；关怀，可以温暖别人；信息，可以共同分享，这些说出来，都是可以交换意见，彼此交流，利益自己，也利益他人。《净名经》云："直心是道场，直心是净土"，你能坦白诚恳，这就是修行的道场。

第四，不说而说是不机智

有些场合不必说的，他画蛇添足地说了；或者有些场合，不需要多说的，说得太长、说得太多，这都是不机智的。好比有些典礼中，主办单位礼貌邀请来宾致辞，内容就要愈短愈好。假如你说得太长，言者谆谆，听者藐藐，甚至令人哈欠连连，不但不受欢迎，反而失去意义。

以上这四则说话的要点，不得不注意。

说好话

　　说话，是人际关系中最直接、最频繁的沟通，看似容易，却极有学问。同样一句话，有人说来很中听，有人说来很刺耳；有人说话三冬暖，有人开口六月寒。有人说话婉转含蓄，有人说话尖酸刻薄；有人说话真诚实在，有人说话虚情假意。有人说话总是让人欢喜雀跃，有人说话总是令人苦恼厌烦。所谓"一言兴邦，一言丧邦"，会不会说话实在重要。会说话，并不是指专拣好听的话说，而是掌握说话的态度。在此提出说话的"四不"原则，供大家作参考：

　　第一，说话要不夸大而务真

　　有些人讲话欢喜夸大其辞，小事说成大事，小缺点说成不得了的坏事，小失误说成不可原谅的大错，这样夸大不实的说话，久之就没有人会相信。因此，据实以言是最好的说话方式。

　　第二，说话要不猜疑而存信

　　人与人之间能够彼此信任，才能和谐相处。有些人在交谈时，总会强调："我讲的是真话、我不会骗你。"为何要如此强调？因为怕对方不相信。人的诚信能从说话中一探深浅，有智慧的人可以从与他人交谈中，来判断此人是否值得信任。如果我们说话一向都诚而有信，就不会引起他人的猜疑。

第三，说话要不渲染而平实

有一些人讲话喜欢渲染，有点成就，就夸耀成不可一世的智者，随手做件好事，就吹嘘成济困扶危的大善人。常以渲染方式来表达，所说的话会让人自动打折扣，反而惹来讪笑。自然平实的话语，是正确的说话态度。

第四，说话要不扭曲而正直

有些人常常喜欢扭曲别人的话，断章取义，曲解他人的意思，甚至故意造成误会，让对方百口莫辩，这样的心态真是残忍。一个成熟、诚实的人，切记说话不可以扭曲，要正直。

说话的"四不"原则非常重要，可以让我们有和谐的人际关系，让我们处世更圆融。希望大家在开口之前，都能提醒自己。

声音

这个世间，有大自然的声音，有各种乐器的声音，有人们说话、唱歌的声音，也有虫鸣鸟叫的声音。有些声音让人心旷神怡；有些声音让人肝肠寸断；有些声音让人陶醉神往，百听不厌；也有些声音让人心血澎湃，士气大增，到底哪些声音令人欢喜；哪些声音让人烦躁呢？有下面四点：

第一，最难听的声音是讥讽

讥讽的音声，来自对他人成就的忌妒；讥讽的音声，来自对他人不足的嘲笑。这样的声音，会让人觉得荆棘遍布、愤懑恼怒；这样的声音，会让人觉得气馁沮丧、羞愧难过；这样的声音，让人心生泄气，想要逃离。因此，讥讽的声音是最难听的声音。

第二，最好听的声音是赞美

莎士比亚说："赞美是照在人们心灵上的阳光，没有阳光，我们就不能生活。"可见每个人都需要赞美。赞美的声音，可以增加和谐、温暖的气氛；赞美的声音，可以增加美好、友爱的感情。赞美，会启发人们潜在的能力；赞美，会让人心甘情愿奉献自己。所以赞美的声音，就像甘泉一样让人觉得滋润甜美。

第三，最动听的声音是鼓掌

掌声，代表接受，代表鼓励，代表友好，代表认同。它会让懦弱者得到自我肯定，它会打破人与人之间的藩篱。掌声是激发自信的助长剂，是鼓舞人们向前迈进的滋养剂。所以，掌声能让人获得信心，掌声能让人受到鼓舞，掌声能让失望的人得到希望，掌声能让跌倒的人爬起来，所以掌声是最动听的声音。

第四，最耐听的声音是寂静

所有声音过去后，寂静是无声之时。它不用透过耳膜振动，不用靠空气传播，聆听它，可以消除疲劳，可以真实面对自己，这是宁静、平缓的心声，可以远离见闻觉知，没有思量计较分别，这是最耐听的时候。

世间声音纷纷扰攘，你听到的是什么声音呢？

声音的力量

声音可以传达感情，也能表达情绪。有的声音让人戒慎恐惧、毛发竖立，这是声音引起的反应；有的声音让人心情放松、心定神宁，这是声音产生的效果。无论讲话或唱歌，都能发挥声音的力量，以下分四点谈声音的力量：

第一，柔和的音声，令人心生欢喜

柔和的音声，可以让强硬顽固、狂暴急躁的人，心性变得柔软；柔和的声音，可以让身心疲倦、情绪紧绷的人，精神得到舒缓，这就是柔和声音的力量。例如近代歌手邓丽君，她甜蜜的嗓音，在海峡两岸发挥了很大力量，得到许多人的喜爱。所以讲话不要粗鲁，带着温柔、和平的音调，必定会给人听了很欢喜。

第二，正义的声音，使人荡气回肠

古德云："立志而不存于忧世，虽仁无益也。"有志之士，在公义道德之前，决不图苟存，而是宁死御侮。印度安贝卡博士，起草印度宪法，废除贱民制度，率领 50 万贱民，皈依倡导众生平等的佛教，立志改变贱民的命运，此维护公理正义之声，使人荡气回肠，至今令人怀念不已。

第三，慈悲的声音，使人终生难忘

慈悲胜于一切物质的施舍，物质只是身外之物，只有慈悲才能深入人们的精神感情。当你面对他人的错误时，你能诚心地给予谅解教导；面对他人的病痛时，你能发挥爱心，给予关怀慰问；面对他人烦恼困扰时，你能耐心地给予辅导提携，这样的声音，必定会让他终生难忘。

第四，赞美的音声，让人如沐春风

所谓"良言一句三冬暖，恶语一句六月寒"。每个人都欢喜听到别人的赞美，所以我们对人讲话，也要说赞美的语言。赞美的语言并非绮语或妄语，而是不违礼义、不矫情作态的真实语，这样的语言，让人听了能增加信心，获得鼓励，犹如沐浴在春风里。

说一句赞美他人的话，不会引起他人的慢心，说一句慈悲柔软语，也不会有损自己的利益。但是，说一句批评诬告之语，却会让人如陷泥淖，说一句恶言怒骂之语，却会让人懊恼沮丧。《孟子·尽心上》篇载："仁言不如仁声之入人深也。"既然如此，我们为何不多说好话，让彼此都能获得好心情；让彼此增加善缘、增加力量呢？所以，"声音的力量"有上面四点。

不可说的话

说话不只要说得有学问、有艺术、有技巧，还得看时间、看地点、看对象……台湾俗语云："饭可以随意吃，话不能随意讲"，主要在告诫我们，开口之前必须细细思量，哪些话能说，哪些话却是万万说不得。波斯有句格言："枪伤或许还可以治疗，唇舌造成的伤口却永不愈合。"足见言语的力量是如何巨大。什么话不可说？

第一，不分青红皂白的话不可说

现今是个实事求是的文明时代，说话须秉持"有几分则说几分"的原则，倘若信口开河、不分青红皂白，随便乱说，将会惹下祸端，造成莫大的影响与伤害。有谓"一言兴邦，一言丧邦"，无法确认的言语，还是有所保留为宜。

第二，不知轻重缓急的话不可说

心中有言不吐不快吗？讲话，除了自己所知所想以外，还需懂得分辨轻重缓急；有急迫性、非处理不可的，是比琐碎杂事更为要紧，或是对大家有用处、关系利害得失的，皆可列为重要的话。总之，话有轻重缓急，要仔细考虑，不能随便乱说。

第三，不懂人我立场的话不可说

有的人说话，不问张三李四，也不顾你我他，一有什么事就表示意见，就随便乱说，毫无顾念他人的立场，不懂得体谅对方的感受，如此，往往造成不必要的误会。说出的话如同覆水难收，所以还没有弄懂别人的立场之前，不能随便先说。

第四，不明上下伦理的话不可说

长幼有序，上下有礼，面对不同职称、身份的人，有不同的说话原则，如对顶头上司说话，自然与家中同儿女对谈的方式不同。每一种身份，亦有符合自身的说话模式与特殊用语。当无法断定对方的身份，不明上下伦理、利害、得失、关系之际，奉劝还是少开尊口，以免铸成大错。

《墨子·墨子后语》里，子禽问墨子，多说话有什么益处？墨子说："蛤蟆、蛙、蝇，日夜恒鸣，口干舌擗，然而不听。今观晨鸡，时夜而鸣，天下振动。多言何益？唯其言之时也。"因此，话要说得适时、说得中肯、说得确实、说得有理；说好话、说恭敬的话、说明理的话、说大家都可以接受的话，这是很重要的。此四点，是我们每一个人说话时应切记的。

微笑

世间上最美丽的东西是什么？是微笑；最动人的表情是什么？是微笑。我们最喜欢看到的，也是笑容可掬的脸庞。处于陌生的环境，一个微笑，就能融化所有不安。人际关系有了芥蒂，看到一张微笑的脸，不愉快也就烟消云散了。生活中碰到艰难，一个鼓励的微笑，困难窘迫仿佛有了转圜的空间。沮丧的时候，一个理解的微笑，沉到谷底的心也就得到温暖的慰藉了。微笑的魅力，有时远出意料之外。微笑的力量有多大？

第一，微笑使烦恼的人得到解脱

当我们处在烦恼、痛苦当中，忽然碰到一张微笑的脸，自己愁眉深锁的脸就稍稍开朗，僵硬的肩膀也略为放松，顿时发现世界并不如想象的那么灰暗无光，原来微笑竟能为自己带来解脱、逍遥与自在。

第二，微笑使疲劳的人得到舒适

当我们埋头苦干，又疲又累，觉得浑身无力，好似用光了最后一分力气时，旁边的主管、领导或亲人，适时给个赞美、微笑，亲切地拍拍我们的肩膀，我们会发现所有的疲劳，好像随着这个微笑云淡风轻，全身又充满了力气，充满了能量。

第三，微笑使颓唐的人得到鼓励

生活中难免会有提不起劲做事的时候，不仅精神萎靡不振，情绪也会无来由地不舒坦、不高兴。此时若接到周围的朋友、同事、家人投来安慰的微笑，说一句激励的话，我们马上会提振精神，甚至发愿要以奋发向上来报答他人的关怀。

第四，微笑使悲伤的人得到安慰

当生活上遇到不如意，受到委屈不平，或在职场上受到排挤倾轧，受到诽谤讥讽，而觉得伤心难过时，若有几句安慰的话或温和的笑容，会让我们得到莫大的慰藉，可能立刻就把悲伤抛到九霄云外了。

有个故事说：一位独居的小姐听到敲门声，打开门，竟然面对一个持刀的年轻人。她看他微抖的手上拿着一把菜刀，便强作镇定笑着问他："你卖菜刀呀？多好，我正打算买一把呢！"错愕不已的歹徒，收下她递过来的 100 元，一溜烟地跑掉了。微笑就有这样的魅力，令凶狠的心柔软下来，令暴戾转为祥和，令悲痛得到止息。你有多久没有微笑了？要记得拾回这个人人本具的魅力。

卷二｜传家之宝

常保喜悦，无论长寿与否，

这一生总是充满了阳光，

是个丰收的人生。

爱的种类

所谓"爱不重不生娑婆"，我们都是因为有"爱"，才来到这个娑婆世界，所以这个世间，就是一个爱的世间，我们的人生，也是一个爱的人生。

"爱"可分为好的与不好的，因为爱有爱的方法、爱的条件、爱的时间、爱的空间，如果爱得不正当、不正确，那就是染污的爱。现在将"爱"的种类分为四点来讲：

第一，贪爱是肮脏的尘埃

西谚有云："贪爱，会让自己本有的东西也丢了。"因为贪爱，永远不会满足自己所拥有。就如从前有位樵夫，拥有一只漂亮、歌声动人的银鸟。当邻居告诉他金鸟比银鸟珍贵千倍之后，樵夫每天想要拥有金鸟，再也不理会银鸟。最后，当银鸟离去的刹那，樵夫在夕阳下，看见银鸟变成美丽的金鸟。这就是贪心不足，而忽略自己本有的东西。

第二，溺爱是烦恼的种子

父母对子女娇惯宠爱、老师对学生偏心放纵、主管对下属蔽贤宠顽，都是溺爱。溺爱，抑制他人学习的空间，除了让他不能独立成长外，更因为你过分地顺从，而让他发展出不健全的人格。我们看到一些失足的青少年，大半是来自溺爱的家庭。所谓"除草要趁早，教育要趁小"，过分地溺爱，就是失败的根源。

第三，错爱是祸患的起因

爱错了，就是错爱，爱错之后，后患无穷。陆九渊说："事之至难，莫如知人。"一个企业，错用人才，必造成亏空营损；一个国家，错用大将，带来的灾难，更是生民涂炭。战国长平之战，赵王不听蔺相如之劝，错用赵括，导致全军覆没；三国诸葛亮不听刘备交代，错用马谡，导致街亭失守，这都是说明知人事大。因此错爱是祸患的起因。

第四，纯爱是无染的奉献

贪爱、溺爱、错爱都是不好的爱，但是也有纯洁的爱、慈悲的爱。这种爱，没有占有的欲心，没有偏袒的私心，更不是企图的邪心，而且是一种无私的牺牲奉献，以及无怨无悔、乐于助人的心，甚至是唯才是用、提携后辈的心。这种爱，关怀他人，公平公正，知人善用；这种爱，不是曲意迎合的谄媚，不是毫无原则的乡愿。这样的爱，才是纯洁无染。

爱的含义很多，爱的方式更多。爱，原本是美好的、是善良的，但是用错了，就会造成祸端，所以爱要爱得有智慧、爱得正当，更要爱得有方法、爱得清白。这样的爱，才不会带来负面的影响，这样的爱，才能享受爱的真谛。所以"爱的种类"分为上面四点。

爱的力量

有时候，一句话、一个念头会让人产生力量，这些力量的来源是因为有"爱"。"爱"，是让女人每天面对柴米油盐酱醋茶，可以不起烦恼、欢喜承受的力量；"爱"，是让植物人再度苏醒，或是残疾者努力站起来的力量；"爱"，是让事业失败、学业受挫、心灵受伤者，重新面对人生的力量。所以，"爱"是世间最大的力量，爱的力量可以分为下面四点：

第一，自私的人，因爱而变为慷慨

让自私悭吝的人变为慷慨的原因有二：一是别人对他的爱心、照顾关怀、无私施予，让他察觉自己一味接受他人，难道不能有一点回馈？因为别人对他的爱，让他慢慢转变为慷慨。另一种是让自私的人，转变为慷慨的原因是让他的心中有爱。心中有爱的人，才能不自私，没有计较地为对方付出。

第二，怯弱的人，因爱而变为勇敢

有的人生性胆怯，什么话也不敢说，什么事也不敢做，甚至夜路也不敢走。如果有人给他鼓励、给他勇气，让他觉得有一个精神支柱可以依靠，他会转为勇敢。另一种爱是母性的爱，为了保护子女，让原本怯弱的个性，变为勇敢坚忍；还有一种像秋瑾一样的民族义士，不都是因为"爱"而牺牲生命，在所不惜吗？所以，爱可以让人勇敢无畏。

第三，怠惰的人，因爱而变为勤奋

一个懈怠懒惰的人，因为你的热心带领，甚至协助他做事，维护他的荣誉，因为你的爱心而感动。一些生性懒惰的人，都因为让他开心，或是让他成为朋友，开始变得勤奋。所以面对怠惰的人，不要鄙视他们，而以真诚来对待他们，让他心甘情愿地付出。

第四，刻薄的人，因爱而变为宽容

有的人性格卑佞刻薄，生性不肯慈悲、不肯施舍、不肯助人，这样的人不懂得爱人。他们的眼里，只有自我，不能以同理心去体会别人身心的感受，所以才会以尖酸刻薄对待别人。这时，你要以爱来感化，甚至以更大的宽容慈悲来对待，他会因为你的容忍礼让，惭愧自己的狭小气窄，于是会改变自己。

有爱，才能接受别人；有爱，才能彼此尊重。人人有爱，就能宽恕，无所责怪；社会有爱，就能扶持，没有侵犯；国家有爱，就能安居，没有战事。因为爱，才能包容他族；因为爱，才能援助弱小。爱是无私仁慈，希望别人比我更好；爱是默默奉献，不计较有无回馈；爱是化解灾难，不会记恨挂仇。

什么是爱

"爱"是人类最希求的感受。世界上并非只有男女的情爱才叫作爱，父母儿女之间的亲情，兄弟姊妹之间的手足之情，朋友之间的友情、同胞之爱、袍泽之谊，都是情爱。有些人"身在福中不知福"，纵然在充满爱心的环境中生活，依旧觉得没人爱他。究竟什么是爱？在此提出生活中四种平淡却弥足珍贵的爱：

第一，母亲的慈颜是爱的滋润

《诗经》说："父兮生我，母兮鞠我，拊我畜我，养我育我，顾我复我，出入腹我。"母亲永远是慈容视我，爱语对我，即使偶尔的呵斥，也是慈悲的呵护，怒容后面是极大的慈爱。母亲的慈颜滋长润泽我们的生命，你感受到了吗？

第二，父亲的嘉许是爱的鼓励

大多数的父亲都扮演训导的角色，严格要求子女，但这些都是"恨铁不成钢"的用心。父亲的严肃，虽然令多数的子女胆怯，但当父亲看到儿女的人品、道德、成就，他的颔首微笑、隐藏在眼里的认可，却是最大的鼓励。为人子者，应善体父亲不形于色的赞美、肯定与嘉许。

第三，朋友的宽恕是爱的施与

佛教里将善友分为两种："有友如地、有友如山"。如大地的朋友，可以普载我们，如山的朋友，可以让我们依靠。善友会包容我们的不足，原谅我们的莽撞，宽恕我们的粗心大意。我们要珍惜朋友这种珍贵的布施，在成长的道路上施与我们无畏。

第四，社会的支持是爱的缘分

一个人生在天地之间，无法真正离群索居，日用所需均要仰赖社会大众的支持。没有农牧百业，则缺衣乏食；没有信息服务，则与世隔绝；没有警政治安，何求安居乐业？每个人都依赖社会大众给予的支持，因此也应该为社会的安定付出一己心力。能同处一个社会，彼此互赖相助，是何等难得的缘分，我们应善加体察。

处在爱的世界，如入芝兰之室，久而不闻其香。若能时常记得自己无时不享受父母、朋友、社会源源不断给予的爱心，我们就会庆幸自己有多幸运，并且对世界充满感激之情，不再抱怨人情冷暖、社会无爱。在此提出四种珍贵的爱，希望大家都能体会与珍惜。

爱与恨

"爱"与"恨"是一般人最常有的情绪。待人处事，见到好的、喜欢的、顺意的，就起贪爱之心；见到不好的、讨厌的、不合意的，就起嗔恨之心，千万个念头就在爱与恨之间打转。其实，嗔恨的情绪固然不好，如果太贪爱顺意的事，对修心养性亦无好处。虽然无法要求每个人都"太上忘情"，但对爱恨之情，至少应有下列四点认知：

第一，爱人犹如爱己

每一个人最爱的是自己，也希求他人的爱。爱人与被爱是因果关系，你如何敬爱他人，必能得到他人相对的敬爱，所谓"敬人者人恒敬之，爱人者人恒爱之"，因此，爱人应犹如爱己。孝顺父母、尊敬师长、爱护朋友、教育子女，都要禀持这样的心态。能以爱己之心爱人，方是真正的爱。

第二，助人犹如助己

战国时代赵盾，曾游历桑间，见到大批饿莩，于心不忍，因而广为施食。后来，他得罪晋君，晋君暗中叫人将他的马车拆下一个轮子，然后放狗咬他，赵盾匆忙之间上了马车，马车却无法动弹。忽然，有人冲过来，扶着缺了轮子的马车，飞快地帮助赵盾脱离险境。

赵盾问："扶轮的是谁？"那人回答："我是昔日桑间的饿人，为了报答您施食之恩。"有能力帮助他人时，不要想到自己是牺牲奉献，不要认为自己吃亏损失。古人常讲积阴德，能助人犹如助己，没有受施、施者、施物的念头，就是积最大的阴德。

第三，恨人犹如恨己

我们如果对人常心存恨意，这股怨恨之气，在未伤人之前，就已伤害到自己。心中常怀怒气，无形中，就会散发一股戾气，无法有祥和的容貌，致使周围的人敬而远之，而不想亲近，损失最大的还是自己。因此，有智慧的人要谨慎防范自己的嗔恨之心。

第四，害人犹如害己

仅是心怀恨意，都会造成负面结果了，何况是害人？有些人不懂这一层道理，为了些许小利，处心积虑地想害人。其实，凡是损害别人者，最终还是损害到自己。佛经中说，如同送礼给人，人家不接受，你只得把它拿回来自己用。《四十二章经》中说："仰天而唾，唾不污天，还污己身。"害人犹如害己，切勿有害人之念。

爱与恨是凡人最常有的情绪，当爱、恨之心起时，请谨记下列四点，无形中必能为自己积功累德，消灾远祸。

惜福与自爱

　　现代民生富裕，物质丰富，惜物惜福的风气渐渐消失了。其实任何东西都不只是物质价值，即便是一张卫生纸，也要多少木材、纸浆，及人力、时间才做得出来，要花费许多工夫，岂能不珍惜？所以，珍惜福报不仅是珍惜物质，也是珍惜"因"与"缘"。因此，知道惜福的人，才是真正懂得珍惜善因好缘，懂得爱护自己。关于惜福与自爱，阐述如下：

第一，要想得福先惜福

　　人生有多少福报，就好像在银行里有多少存款，存款多，就不怕将来有所不便。所谓福德因缘具备，有福报的人，好因善缘具足，处众、处事都会很顺利。没有福报，等于欠了债，到处要偿还人家，生活在亏欠中，不自在。因此，要想得福先惜福，你要爱惜福报，就如同珍惜存款，才得以慢慢享用。

第二，要想无病先健身

　　身体健康无病，是"果"；运动、保健、饮食调合，则是健康之"因"。如果作息不正常，昼夜颠倒，饮食不均衡，又不注重运动强身，容易"未老先衰"，在体力充沛的青壮盛年，就整天没精打采，浪费大好生命。因此，要充分体验生命，要先有健康的身体；要无病，要先爱护自己，保健自己。

第三，要想爱人先自爱

最好的自爱方式，就是充实自己的内涵，提升自己的能力。俗语说："腹有诗书气自华"，一个人的德学、涵养会在举手投足间展现。你若有"诚于中，形于外"的功夫，自然会吸引他人的眼光，健全自己的条件，自然就能获得他人的青睐。因此，要想爱人，要先自爱。

第四，要想求知先读书

每个人都希望自己高明一点，多学一些技术，有更丰富的常识，能力不落人后。这样的想法就是自爱的表现，是值得鼓励的。但是，聪明智慧不是天上掉下来，也不是从地上自动蹦出来，它必须要靠自己努力得来。想求知，先要读书，你书读得多，知识丰富，自然就会识得人情义理，知道应对进退、通情达理，让自己的智慧更臻圆熟。

惜福与自爱，在我们生活里很重要。懂得珍惜自己眼前所有，不管是健全的身体，还是物质条件，才能保住已有的福报；懂得爱惜自己的色身，并努力增品进德，福报才能更绵长。

怎样慈爱？

谈到"慈爱"这两个字，立即让人联想到耐心抚育儿女的母亲，或是爱护后学的师长，所以有"寸草春晖""春风化雨"的比喻。佛门所说的"慈悲"，又比"慈爱"有更高的境界。"慈"是给人欢喜快乐，"悲"是拔除烦恼痛苦。笑口常开的弥勒佛就是"慈心"的典范。千处祈求千处应的观世音菩萨，则是最具有"悲心"的代表。一个人可以什么都没有，但不能没有慈悲爱心。因为人人都希望得到人家对我们的慈爱，我们本身又怎能不以慈爱之心来对人呢？要怎么样慈爱？提供四点意见：

第一，以温柔对待倔强

我们以"云""水""冰"的本质来看，其元素成分相同，只是水遇到的酷寒气流，很快便凝结成固体的冰块。要使冰雪融化，还要暖洋洋的大气流才行。如果再遇到热情照的阳光，水很快就升华成为云朵，可以在蓝天上飘浮。同样的，一个倔强的人，要以温柔的心来对待，才会把刚硬的外壳卸下，将内在美好的本质流露出来。

第二，以宽容对待刻薄

刻薄的人，心田较为贫瘠，一时之间生长不出好的作物。只要给他养分，让他觉悟到他本身也有"佛性之田千亩，在自己的内心当中"，自然他也变得宽容、厚道。"以牙还牙，以眼还眼"这句话，听起来好像有理，但是不能解决问题，反而会"雪上加霜"。唯有打开胸怀，宽心包容，这样才能化育有情。

第三，以热诚对待冷漠

"冷漠"二字，看起来不是太错，但是如果整个社会变得冷漠了，那么，这个社会也不适合居住，因为这社会不能使人心灵成长，甚至还会向负面发展。人之所以会对待事物与生命冷淡、冷漠，多半是后天缺陷的环境所造成的。要化解心灵的寒冷，就要像阳光能融化冰雪一样，持续地用热诚来对待。

第四，以慈悲对待嗔恨

嗔心大的人，就像身上带着有毒的火焰，人人都害怕受到嗔恨之火的焚烧。比如历史上的吕后，她原本是个聪慧的美人，但是因为一念嗔恨之心，使她变得十分残酷。这时候，无论外表如何美丽，都会把旁人吓跑。但是嗔心既已发作，如果不能遇到善知识来引导，这个人也只会变本加厉，一味地残酷下去，受害的人就更多了。想要成为嗔心者的善知识，首先要让对方明白因果的道理，再以慈悲柔软的心意，为有病的心灵拔除痛苦的病根。

慈爱之心犹如春天的太阳，能够给予众生欢喜信心，润长养众生的心田，得以度化无数的有情。

爱

人间有爱，才有温暖。人除了爱自己、爱家人、爱朋友，也要爱社会大众，让爱嘉惠更多人。爱的方式很多，但是要爱得正当、爱得有意义。因此，对于"爱"有四点建议：

第一，财富要能分享大家

真正的拥有不在于个人的独占，而是能分享给大众。好比古圣先贤，总是努力地将智慧财富留给人间，把道德财富留给人间，把功业财富留给人间，不惜一切地将财富给后辈分享。财富不只是金钱的布施，智慧、力量、欢喜、经验，甚至自己拥有的一点东西也都是财富。懂得运用财富，将财富与大众分享，才是真正富贵的人。

第二，名位要能庇荫众人

有名有位的人，最忌志得意满，应该顺势挺身而出，为人民谋福利，帮助他人排难解纷。历史上，如包青天为了公理，替人民伸张正义；苏东坡上表朝廷，呼吁宽免百姓官债；司马光为官以利益天下苍生为己任，不能则愿引退等，都是居上位而积极争取百姓权利者。又如许多知名演艺人员，在成名之后，不但投入公益活动帮助弱势，更出钱出力协助贫困。这都是名人庇荫众生的典范。

第三，知识要能传授后人

知识的获取只是个人生活中的一部分，知识的传承也很重要；将自己的技术、才能、经验传授给人，在佛教里称作"法布施"，不仅能改善人们的生活，还能开发人类的智慧，利益更多人，实在是功德无量。现在各行各业也都讲求经验传承，以培育新一代优秀人才来延续事业的发展。不吝于传授知识的人，会在历史上留下功德。

第四，感情要能广结善缘

很多恋爱中的男女，常为了一点小事而起争执，最大的原因就在于自私、占有。倘若能将感情升华，从对一个人的爱，扩展到对广大人群的爱，给予众生无私的奉献，让伤心人因爱而获得喜悦，让气愤的人因爱而获得平静，如此，不但缘结得广，感情也会更显得高贵了。

德裔端士作家海塞说："被爱并不是幸福，爱人才是幸福。"每个人都拥有爱人的能力，多爱别人一点，别人感动，自己也欢喜，何乐而不为呢？

感情

有句话说"情不重，不生娑婆"，因此佛教里称人为"有情众生"。感情是人生活的重心，感情给予人生命的意义。但是，感情有净化的、污染的；有正派的、邪恶的；有奉献的、占有的；有大公的、自私的，不论处事接物、人际往来，处处都有情。会把桌子排整齐、把地扫干净，是对周围环境有感情，所以才要维护；喂猫、狗进食，替花草浇水，是对动、植物有感情，所以才会照顾。感情的利弊很多，究竟如何运用？有四点意见：

第一，用智慧来领导感情

有一位法国哲学家说："用感情生活的人生命是悲剧，用思想生活的人生命是喜剧。"短暂冲动的感情，令人盲目，一味滥用的感情，不能长久。所以人要经常自我思考反省，应该这样爱法吗？是动之以情吗？爱得正当吗？唯有智慧领导的感情，才不致出差错。

第二，用正派来净化感情

情感得当，可以成就美事，用情逾矩，则可能偏邪。正派的感情，光明善良，引导人不断上进；邪恶的感情、或嫉妒、或利用、或只以自己的利益为出发点，掺杂爱恨情仇的情绪，恐怕就要招致祸害的发生了。因此,要用正派来净化感情,你为人处世,具有廉明公正之情,即使身处泥淖中,也会是一朵清净的莲花。

第三,用无私来奉献感情

许多恋爱中的男女,到最后感情上出了问题,为什么?原因就在于自私。或者一心想要占有对方,或者对方所作所为不如己意,就生气忿怒,甚至做出泯灭天良的行为,令人不胜唏嘘。若能出于无私、奉献,不是占有,不是欺骗,我为你好,你为我好,不计较、不比较,彼此信任的感情,才走得长远,才显得高贵。

第四,用慈悲来升华感情

感情就是爱,但是爱往往有所局限,因此要用慈悲来升华感情。学习把对"一个人"的爱,延伸到对家庭的爱;对家庭的爱,推及为对社会的爱;对社会的爱,扩大为对全人类的爱。将爱扩而大之,从小我升华为大我,就是一种慈悲。

人是感情的众生,运用得当,人生才会灵动,才见圣洁,才有色彩,才有意义。

友谊

常有人慨叹："相识满天下，知心有几人？"春秋战国时，伯牙痛失知音子期，从此破琴绝弦；唐朝李白、杜甫一见如故，相互砥砺切磋，将唐诗带入另一番境界。舍利弗和目犍连是同学道友，互相称赞提携，道情法爱令人欣羡。朋友不但是我们情感、生活上的伙伴，也是惕励自我、相互扶持的助力，这样珍贵情谊要如何维护呢？

第一，危险来袭时，互相支持

古谚云："世事无端何足许，但逢好友共解愁。"《世说新语》中，荀巨伯宁以自己的性命，换取友人的安危，不但感动攻城的盗贼，也拯救了全城居民的性命。遭逢危险的时候，好友会给我们鼓励与支持。

第二，阻碍遍地时，互相勉励

现今有网友彼此相约自杀的情形。事实上朋友应避免在苦恼中，以消极的情绪彼此影响。《大般涅槃经》言："有智之人，以善方便得脱五阴。"善方便，就是八圣道、六波罗蜜、四无量心等方法，以正向思考，互助互勉，共同跨越生命中的阴影。

第三，柳暗花明时，互相喜悦

朋友固然在彼此贫贱困苦时，不离不弃，当获得成功，才华得到认同时，也要真心分享欢喜荣耀。好比子路所言："愿车马衣裘与朋友共"。朋友是不论荣、枯都能一生相伴的人。

第四，挫折失败时，互相提携

明万历年间，紫柏大师与憨山大师结为知交，彼此商讨刻藏、续修灯录、复寺等佛教事业。后来憨山因罪被诬入狱，紫柏几度奔波京城与岭南之间，不计一切营救，为真挚的友谊留下一段佳言。清朝戴梓云："同是冰天谪戍人，敝裘短褐益相亲。"人生纵使遭遇挫折失败，朋友不但能相互提携、荣辱与共，更是心灵的精神支柱。

《因果经》云："友有三法，一者见有失辄相晓谏；二见有好事深生随喜；三在苦厄不相弃舍。"在短暂的生命中，能得到至交好友，有福同享、有难同当，相互扶持、共同成长，实在是人生一大福报。与其感叹好友难寻，不如从自己做起，真诚待人，自然就能让友谊醇厚而持久。要想友谊增上，有以上四点。

庆生

一般人都喜欢在生日时收到礼物。有一位母亲送女儿三个精致盒子，作为 20 岁的生日礼物。打开第一个盒子，发现里面是一面镜子，旁边写着"现在的你"；打开第二个盒子，吓了一跳，里面是一具骸骨模型，写着"将来的你"。第三个盒子里，是一尊庄严无比的佛像，旁边写着"永恒的你"。女孩对这三样礼物惊叹不已。

生日，也是"母难日"。庆生不是不好，而是除了形式上吃蛋糕、收礼物外，应该有不同的意义。现代人庆生，还可以有哪些方式呢？提供以下四点：

第一，说一句好话庆生

不要忽视一句话的力量，一句好话、一分尊重，可以给人无限欢喜与希望。孔子说："今之孝者，是谓能养，至于犬马皆能有养，不敬何以别乎？"心存敬意，对父母说感恩赞美的话，更胜于只是备办酒席，吃喝一顿。

第二，做一件好事庆生

庆生，也不只是生日当天而已，而是更要突破躯体的生命，将自己的精神生命扩大起来，帮助他人。比方担任义工、关心环保、捐血救人、资源回收、莳花种树等等。行善做好事的法门很多，不管有相或无相，只要肯做，可以培植福德，增加福报。

第三，存一个善念庆生

一个小小的善念，足以改变一个人的命运。沙弥一念善心，救了被水围困的蚂蚁，也让自己将尽的生命延长；战士一念同情，以真银圆换假银圆，救了伤心失望的老妇，也在战场上救了自己一命。心存善念，可以改变生命，增加生命的内涵。

第四，积一些功德庆生

有的人喜欢在生日时，做一些有意义的事，例如赞助文教事业、成立奖学金、帮助清贫家庭等。这些有意义的事，扩大了自己的生命，也照亮别人。例如统一企业董事长吴修齐，成立"大孝奖"，不但纪念自己的父母亲，同时也鼓励社会善良风气。所以古人说，人在世当有三不朽"立功、立德、立言"，把功德留予世人，这生命的意义更大了。

古诗云："白云苍狗多变幻，人生寄旅实渺茫；数年寒暑转眼过，富贵功名难久长。"能够明了"求福当求永久福，增寿当增无量寿；求福当求智慧福，增寿当增慈悲寿"，用此短暂的人生，做一些有意义的事，才不枉得人身，也才正庆生的意义。以上这四个方式，可以给予现代人另外一种思考。

饮食观

我们需要靠饮食来维持生命，但有时候因为饮食出了毛病，病从口入，时间久了，引发为慢性疾病，严重的还会丧失性命。其实很多疾病的产生，常是个人饮食观念的不正确，所以佛教倡导以"食存五观"来对治、调理。佛教的饮食观有五种涵义：

第一，受用饮食，当如服药

饮食最主要的目的，是为了维持身体的健康。但是现代人习惯挑肥拣瘦，使得文明病猖獗。所以我们吃东西不一定要贪图美味，应该把它当成如服药健身一般。

第二，美味增减，好恶平等

很多人常因食物不合口味，就随意丢弃、浪费。禅门里讲求"吃现成饭当知来处不易"，除了是对供养者的一份感恩之外，更是要我们养成知足惜福的习惯。我们应该学习弘一大师的"咸、淡有味"，对于喜欢、不喜欢的都要以平等心来接受。

第三，除饥除渴，借假修真

我们的身体是由四大、五蕴和合而成，如果没有饮食的辅助调理，很容易因饥渴而生病。身体虽然是会生病、会老化死亡的臭皮囊，但我们也要借假修真，把握短暂的生命，来完成个人的理想或道业。

第四，如蜂采华，不损色香

现代人为了满足口腹，不断大量地蓄养和违法栽植，不但让动物痛苦，对环境也造成了伤害。《佛遗教经》云："如蜂采华，但取其味，不损色香"。对于饮食，我们也要像蜜蜂酿蜜一样，对生存的这个世界不可损伤太多，否则最后受害的还是自己。

第五，知量知时，远离贪着

现在市面上各类餐馆或饮食包装，都强调"吃到饱""加大量"。此外，除了正餐，各种夜宵零食也诱人垂涎三尺。对食物贪着的后果，就是瘦身馆、减肥中心的四处林立。因此，远离贪念、定时定量，才是最不花钱受罪的健康之道。

饮食能提供我们身体所需的养分，而稳定的情绪，则对人体脏腑气血能起良好的影响。唐朝孙思邈在《千金要方》中也说养生有五难："名利不去、喜怒不除、声色不去、滋味不绝、神虑精散"。有正确的饮食观，并时时保持宁静平和、欢喜自在的心情，相信定能拥有健康的身体。

真正的补品

一般人都相当讲究进补，所谓"有病祛病、没病补身"，无论小孩、孕妇、运动员、老人家都要吃补品；夏天讲"凉补"，冬天要"热补"，药补不够还要食补，乃至各种营养补品，琳琅满目，看得令人眼花缭乱。其实这都还不是真正的补品，真正的补品是什么？有以下四点：

第一，一碗慈心粥，胜饮人参汤

吃一碗有慈心的稀饭，比人参汤还宝贵。为什么？因为我以慈悲心、惭愧心、回向心、结缘心吃了这碗粥，我发愿要感恩、要做好事、要修身养性、要为人着想、要为大众服务……这一碗稀饭，扩大了自己，净化了内心，比人参汤更有营养，也更有意义，是生命价值的补品。

第二，一杯清和茶，胜喝琼玉浆

一杯清和茶，不但滋喉润肺，而且可以养性养心。所谓"口中吃得清和味，心中常思佛土居"，喝一杯清和茶，让我们懂得淡泊、和平，没有虚荣心的作祟，没有比较心的苦恼，只有感受自在的乐趣，体会轻安和解脱，这比喝什么琼浆玉液，更能让人获得清净。

第三，一口菜根香，胜嚼酒肉饭

一般人食补，总要来个鸡鸭鱼肉，其实，那是因为来自贫困的时代背景。时至今日，物质环境已大为改善，吃得太多，补得太过，造成脂肪、血糖、胆固醇升高，只有危害身体，增加负担。假如能清茶淡饭，吃出菜根香味来，会增进心性的耐力。你看，吃素的牛、马、骆驼、大象，力量大且持久，反观肉食的狮虎，三扑之后，力气就尽了。因此，若要生命长，菜根香可以尝尝。

第四，一念思无邪，胜办满汉餐

你肚子里没有邪念，没有害人、没有阴谋诡计、尽打别人算盘的坏水恶意，这比吃满汉全席还要对身心有益。《六祖坛经》提到，自心归依正，念念无邪见，以无邪见故，就无人我贡高贪爱执着。有时候本来是"福德因缘"，由于心念不正，所以"福报变祸兆"；有的时候是祸事，由于用心纯正，所以祸患反而成了福报。因此，一念思无邪，必然能得福而远祸。

真正的补品，不一定只在吃上面着意，也不一定是指食品而已。广义而言，应该从对内心、思想有益处来"进补"。这四点"真正的补品"，可以让我们从另外一个角度思考。

家之为用

凡是动物，都有一个家，鸟类在屋檐下、大树上做窝；墙角边、废仓库是老鼠的家；蚂蚁、蛇蜥以土洞为家；鱼以水为家；昆虫、蝶蛾以树叶为家；看起来生命都希望有一个归宿。

几年前，我在荣民总医院做心脏手术，36个小时在迷糊中，清醒后第一句话就跟医生说："我要回家。"医生一听大惊，问："大师，你要回哪个家？"我猛然想到，我出家快60年了，哪里还有家？回佛光山太远了，那就回病房吧！病房有徒众、有许多关心我的人在等着。可见得家是很重要的，所以大家要好好爱护家庭。什么样的家，才是安全的、温暖的？

第一，鱼以海洋为家

鱼当然是在水里才可以存活，但是，如果它选择的是一个浅泽，或是一个水洼，而不是海洋，那么这个家就充满危险性。在浅泽的鱼，轻易地便被鸥鸟、鹭鸶所攫取；而数天或数月的烈日，会让水洼干涸，水洼既涸，鱼何以存身？因此庄子才说："相濡以沫，不如相忘于江湖。"

第二，鸟以山林为家

只要有树枝为架，树叶为盖，任何一棵树上当然都可以筑巢。但是，独木上的鸟窝，容易成为猫儿觊觎的对象，也易被顽童所破坏，一点也不安全。如果选择在丛林中筑巢，树林不仅可当蔽障，林中的种子果实也是食物的来源。因此，山林才是鸟类安全的栖息之地。

第三，人以屋舍为家

人类的幼年期较其他动物长久，对家的需求更殷切。但仅具遮风避雨功能的屋舍，不见得是安全的所在，有些家庭潜伏的危险性，比其他地方更可怕，例如夫妻不和、家庭暴力，整个家庭充满火药味，使人在家里受到重大的伤害，甚至有家归不得，也不想归。一个屋舍，还要有家人相互关怀、互相尊重的内涵，才能成为保护、长养我们的地方，才能成为"家"。

第四，道以空无为家

出家人的家在哪里？寺院是我的家吗？寺院不是，寺院是大众修行的地方，不应该是我的家。那么，修道人的家在哪里？修道人应以"空无"为家。"空无"不是没有，虚空有没有呢？虚空拥有天地万物。修道人应该把自己的心放大如虚空，以天地宇宙为家，视万物为家人。

家的意涵不仅是一个窝、一个巢、一个洞、一间房舍，家应该是温暖、安全、和乐的所在。

家的两字真言

每一个人都有一个家庭，家庭的兴衰起落，都是其来有自的。有谓"宁慎于始，莫怨于终"，要如何维护一个家庭的和乐，以下有"家的两字真言"六点说明：

第一，传家的两字真言是忠与孝

古人说："一等人忠臣孝子"；又说："为人以忠孝为辞，余都是末事"，足见忠孝乃自古以来所重视的传家精神。忠孝，是从我们的内心激发出来的一种感情、良知，一种爱心和美德，是维系人类关系的伦理纲常，把忠孝的精神发扬起来，家庭会更为美满，社会将更有秩序。

第二，治家的两字真言是勤与俭

勤俭朴素，是做人的美德，也是治家的要点。有云："家有千贯，不如日进分文"，你若不勤奋耕耘，终有坐吃山空的时候；反之，所谓"家业自勤俭中来"，只要肯勤俭，可以弥补家里的贫乏不足。

第三，安家的两字真言是忍与让

六祖惠能大师《无相颂》云："让则尊卑和睦，忍则众恶无喧。"能让，使家庭长幼有序，和睦融融；能忍，是消弭是非的利器，是人际关系和谐的秘方。能忍能让,是安家的第一法。

第四,兴家的两字真言是读与慈

一个家庭要和乐,父慈子孝不可少,读书明理更重要。有谓"子孙虽愚,经书不可不读",在过去传统社会,都以耕读为庭训,何况现在更是信息时代,社会变迁快速,要想跟上时代进步的脚步,读书也就益发显得重要了。因此,为人父母,应多花一点时间,陪小儿小女读书,让书香与慈爱盈满家庭。

第五,防家的两字真言是盗与赌

一个家庭,不过于奢华,就能防止盗贼的觊觎。然而,不仅要防范外面的盗贼,更要防范自家的贼。何谓自家的贼?《佛说孛经》说:"恶从心生,反以自贼,如铁生垢,消毁其形。"因此,不生贪念,不做恶事,尤其不聚赌博弈,更是维护一个幸福家庭所应戒防的。

第六,亡家的两字真言是暴与怒

有语云:"刻薄成家,理无久享;伦常乖舛,立见消亡。"兄弟阋墙、妯娌分家,乃至夫妇离异,不都是因为家庭不和,导致争执暴怒,才引发的?因此一个家庭里,要慎防衰败、悲剧的发生,尤其要远离暴力与嗔怒。

传家的龟鉴真言很多,这"家的两字真言",可以作为依据。

好的家长

家长是引导子女行为善恶的主因，在有形、无形之中，耳濡目染，成为子女学习效仿的对象。所以为人家长者，出言行事务必谨慎，一举一动合乎礼仪，就能给予子女好的影响。好的家长应如何？

第一，恭敬父母，尽心孝养

"养儿方知父母恩"，为人父母者，更能体会父母的生育之恩，"欲报之德，昊天罔极"。为人父母者，孝顺父母，更能让子女以你的孝行，作为学习的榜样。

第二，恒以善法，教导子女

有些父母虽然教导子女要守规矩，要有礼貌，但是一到公车站，就要孩子赶快占位子，或以各种方式不买车票、游乐券，乃至于要儿女闯红灯等。这看似无形的小动作，实际上都让子女学会了不诚实、占便宜，以及不懂得礼让的坏习惯。因此，对子女的教导，应从每个善念上去养成。

第三，悯念部属，知其有无

陶渊明说："此亦人子也。"意思是不管部属或是任何一位属下员工，他都是别人家的子女，主管应当推己及人，以爱护自己子女的心，来宽待他们。对于他们的冷暖、饥虚、疾病、劳苦等困难，多加体恤，协助处理解决。这样的行为，能让子女学习关心别人，以仁慈、谦和的心待人。

第四，近善知识，远离恶人

《曾子全书》说："与君子游苾乎，如入芝兰之室，久而不闻，则与之化矣。与小人游贷乎，如入鲍鱼之肆，久而不闻，则与之化矣。"所以，家长与贤德之人相交，见闻会有所增长，家人也能同而学习；假如与势利之人相交，则难保厄运不近身，家也不免同遭其殃。所以要近善知识，远离恶人。

父母是子女学习的第一位老师，也是子女终身的指南。假如父母能"动则思礼，行则思义"，那么儿女有着"心境如青天，立品如光月"的美德，也就不远了。家长之道有以上四点，提供大家参考。

家庭和谐的条件

　　每个人都希望自己的家庭是温暖的、可爱的。尤其所谓"一家之计在于和"，一个家庭最难能可贵的是和谐的气氛。但是"和谐"并不是你想要就有，它必须是在家里成员共同营造下才能拥有。什么是家庭和谐的条件？有四点：

　　第一，和合无争，快快乐乐

　　一个家庭里要和谐，必须每一个人在思想见解上，相互了解，在生活习惯上，相互尊重，才能和合无争，快乐相处。尤其每个人都会有一些自己的想法，无论是长辈、后辈，要相互了解尊重，忍让包容，日子才会欢喜好过。

　　第二，赞美尊敬，和和气气

　　无论是父母、长辈、儿女，大多希望被鼓励、被赞美，受到肯定与尊敬。因此，虽然是一家人，彼此可以真心相对，但也要相互给予一些赞美、尊敬的语言，才会增进和谐的气氛。有了赞美，有了尊敬，生活会增添活力，生命会增长信心，内在会增强力量，家人会感到生活的快乐幸福。

第三，慈悲助人，亲亲爱爱

所谓"不是一家人，不进一家门"。既是一家人，就要慈悲以待，相互帮助。如果我们对家人都没有一点帮助，没有一些慈悲，彼此感受不到一点恩惠情义，怎会建立深厚的感情？因此，父母对子女、儿孙，要普施慈爱，为人子女者，也要对父母长上、亲朋好友，给予孝顺、尊敬、仰慕、协助，彼此才会亲爱相处。

第四，节俭勤劳，诚诚恳恳

有语谓"耕种田要朝朝到，庭园地要朝朝扫"，这是传统农业社会勤俭持家、诚恳朴实的生活典范。就是到了现在工商社会，"成由俭，败由奢"的明训，仍是每一个家庭所应谨记戒慎的。能够节俭勤劳、诚恳谨慎，必能建立平安之家、和乐之家。

《佛光菜根谭》云："家内和睦者，家道必昌；外事和睦者，外事必办。"以上这四点家庭和谐的条件，是营造幸福家庭所应努力的方向。

传家之宝

一般父母，总想留下房屋田产、金银财富、奇珍宝物给子女，当作是传家之宝；但是也有人不留财物，而留书籍给予子女，或是著作"家法""庭训"，作为家风相传的依据。乃至禅门也有谓"衣钵相传"，以传衣钵，作为丛林师徒道风相传的象征。到底哪些可以作为"传家之宝"？有四点如下：

第一，宝物可以传家

帝王之家，以玉玺作为传国之宝；一般人家，有的以一个玉如意，有的以宝剑，有的以手杖，乃至以一张画、一本书，也可以当成传家之宝。历史稀世之宝，无限珍贵，或具有纪念意义的物品，这些都可以作为传家之宝。

第二，善念可以传家

不光是有形的东西可以做传家之宝，有的时候，长辈给我们一个善美的观念、一句有益的话、一个理念，也可以留传给子孙。比方"四维八德"，各种好的语言、好的思想，甚至培养儿女受高等教育，也可以传家。因为钱财会有用完的一天，但是好的观念、教育带来的知识、智能，却是一生受用不尽。

第三，道德可以传家

所谓"积善之家必有余庆"，你存了多少财富给子女，可能子女挥霍乱用，很快就没有了。与其传财富给子女，不如以德传家，以德行教化子女，将道德观念传给下一代，儒家的三纲五常、仁义礼智，佛教的五戒十善、四摄六度、八正道等，以此作为人生的正道，那就是真正的财富。

第四，信仰可以传家

人不能没有信仰，没有信仰，心中就没有力量。信仰宗教，如天主教、基督教、佛教等，固然可以选择，但信仰也不一定指宗教而已，像政治上，你欢喜哪一个党、哪一个派、哪一种主义，这也是一种信仰；甚至在学校念书，选择哪一门功课，只要对它欢喜，这就是一种信仰。有信仰，就有力量，有信仰，就会投入。能选择一个好的宗教、好的信仰，有益身心，开发正确的观念，就可以传家。

从各种方面来说，传家之宝有很多，也不要只以过去的信物，作为传家之宝，到了现代，可以把宗教信仰传承给子弟，把善念道德传给儿孙，把教育知识传给后代，以书香、善念、道德、信仰来代替钱财的传承，这就看我们如何选择了。

择偶的条件

佛教里面有出家弟子和在家弟子，在家信徒的男婚女嫁是佛陀所准许的。既然论及婚嫁，就不得不讲究"择偶的条件"。有的人论及婚姻，强调要门当户对；或是以财富权势作为衡量；乃至以许配作为感谢的回馈。但是婚姻是一辈子的事情，配偶是一生的跟随，又怎么能如此随便？因为今日之门当户对，难保永远的门当户对；今日有财有权，难保财富没有用完的时候，权力没有失势的一天。所以婚姻不只是单方面的条件，婚姻更不能自作多情。究竟男女双方应该如何讲究"择偶的条件"呢？有下列四点，提供大家参考：

第一，兴趣要互融

结婚是两个不同个体的结合，兴趣差异会影响共同生活的情趣，乃至生活的步骤。所以双方的兴趣要相互融合，共同营求一生的和谐欢喜。不能两人各有所执，每天南辕北辙，生活怎能愉快？

第二，缺点要互辅

人都是有缺点的，你不可以把你要选择的配偶，当作圣贤一样来要求。而是要把他当成是人，包容他的长短处、优缺点，再说，自己的缺点也有很多啊！所以，彼此的缺点要取长补短。

第三，人格要互尊

中国传统观念造成社会男尊女卑的现象，所谓"大男人主义"，所表现出来的就是男人的优越感。但时至今日，女性意识抬头，纷纷争取女权至上；或是从小娇生惯养，处处要求男人来呵护，来养活。以上这两种扭曲的人格，都要靠明理来平衡，才能达到人格互尊的平等观。

佛经载："恩爱亲昵，同心异形，尊奉敬慎，无骄慢情；善事内外，家殷丰盈，接待宾客，称扬善名，是为夫妇。"充分说明了夫妻之间相互尊重的重要。

第四，相处要互敬

夫妻在一起相处如果不互相尊敬，这天长地久的日子实在不好过。所以一对很好的伉俪，一定要互相尊敬，互相信赖，互相体谅，这个亲情才能持之永恒。中国社会有一句古语，即使亲如夫妻，也要相敬如宾，即是此意。

夫妇的"互相"

《韩非子》云："夫妇者，非有骨肉之亲也。爱，则亲；不爱，则疏"。夫妇间的关系，不是单方面的付出与要求，而是双方共同维护，彼此也要给对方空间，才能各得其所。所谓"夫妇和，则家道自然可成"。以下四点夫妇的"互相"之道：

第一，要互谅相亲

既然男女双方，情投意合，结为夫妇了，首要相处的关系，就是要互相体谅。因为两个人，来自两个不同的生长习惯的环境、家族，一下子要在同一屋檐下共同生活，如果不能互相原谅彼此的过失，哪里能平安无事呢？能互相体谅对方，才能生起互相亲近的感情，所谓"鹣鲽情深"，才能持久。

第二，要互容相爱

夫妻要互相包容，这天长地久的日子里，天天开门七件事"柴、米、油、盐、酱、醋、茶"；天天要讲话，天天要在一起生活，如果彼此不能相互包容对方的缺点，怎么能彼此相爱呢？世间没有一个人是完美无缺，所以互相包容，才能互相爱护。

第三，要互让相依

夫妻之间不要为了一句话，争得面红耳赤；更不要为了一件事，斤斤计较，不肯让步。既然已结为夫妻，就要甘苦同之，安危与共，在生活上要互相礼让，在精神上要互相依靠，如此才能"少年夫妻老来伴"，白头偕老地相依相护。

第四，要互信相敬

夫妇之间，虽已结为夫妻，一样要有"相敬如宾"的尊重，才能维持永恒的情意。此外，夫妻之间，要彼此互信，才能家庭和谐，因为"疑"会让彼此之间"草木皆兵"，我们打开报纸电视，不乏看到夫妻之间因为彼此的不信任，而发生仳离，甚至种种不幸事件，所以夫妻之间，一定要互信互敬。

《诗经》云："妻子好合，如鼓琴瑟。"琴瑟要奏出美妙的音乐，要彼此兼容、彼此互让、彼此相依，甚至彼此声音大小高低，节拍速度快慢都要能配合，才能算是成功的曲目，夫妻之间不也是如此？所谓"好丈夫应该要装聋，好妻子应该要装哑"，如此忍让夫妇必定能和睦相处。夫妇的"互相"，有以上四点。

夫妻相处

夫妻相处，要借着温和与耐心，才能营造和乐的家庭。能用宽容的态度来代替执拗不化，用忠诚的心来对待不信猜忌，用谅解的方法来处理错误伤害，以不求回报的感情关心对方，必能水乳交融、亲密无间。以下就四点谈谈夫妻之间的相处：

第一，沟通要表达双方的感受

夫妻相处，最重要的是"沟通"，有沟通才能让对方了解彼此的感受，说出问题点，彼此才能有改进成长的机会。所谓"微小转广大"，一件小事情闷在心里，闷久了，彼此不说话、不关心，最后形成冷战，隔阂就会愈来愈深，终究变成一件不可挽回的憾事。

第二，协调要缩短彼此的距离

夫妻相处，难免彼此的意见看法、理想目标，甚至做人处事、交际往来有所不同，这个时候应该怎么办？要多协调。只要能彼此退让、协调，从异中求同，多次之后，双方不同的思考模式，以及处事方法的距离就会缩短，而逐渐培养出默契。

第三，适应要培养共同的兴趣

有些夫妻结婚后，才发现两人的嗜好完全不同，经常为了要对方按照自己的喜好做事，闹得彼此不愉快。如果夫妻两人，能共同培养相同的兴趣，就能互相提携、相互讨论，彼此才有共同的语言，甚至共同的朋友。

第四，体谅要赞美对方的辛劳

有些先生回到家里，只会埋怨自己上班太辛苦，而不愿意协助太太做一点家务事；太太看先生一回家不帮忙家事，就怨叹自己每天工作扫洒煮饭太劳累，如此一来，口角、不满就会发生了。如果夫妻之间，多体谅对方的辛劳，不吝惜口头的赞美，肯定对方的付出，彼此则能体贴付出。

中国谚语："家和万事兴""夫妇和而后家道昌"，都是说明夫妻相处要以和为贵；而西方莎士比亚也说："家内之不和，是贫乏神之巢穴"，这贫乏并不只是金钱上的不足，甚至是包括精神、心理的匮乏。因此夫妻和合同心，才能共同面对挑战，共同成长，建立幸福的家庭。

女性之美（一）

美，是每位女性渴望与追求的。即使生来不美，也想尽办法以美容化妆、甚至护肤整形，为自己的容貌下功夫。女性要美，倒不一定是面貌长得漂亮才叫作美，除了让人看起来感觉舒服之外，还有以下几点：

第一，朴素美

受到现代知识教育的影响，仕女们装扮的时尚，已由过去的涂红抹绿，转为朴素淡雅的自然之风。唐张祜在《集灵台二首》中云："却嫌脂粉污颜色，淡扫蛾眉朝至尊。"真正漂亮的人，是"其质至美，物不足以饰之"，因此女性并不一定要浓妆艳抹，朴素也是一种美。

第二，文静美

有人批评，女人聚在一起，就像菜市场，不是闲聊，就是说三道四，有时音量之大，还被形容为"河东狮吼"。波斯匿王有一位女儿，因为容貌长得极丑，不敢随夫外出应酬。所谓"宁静致远"，文静的人，精神容易升华，展现另外一种美感。

第三，健康美

女性的身材胖瘦不要紧，但是一定要健康。时下有些女性，以节食来换取窈窕的身材,甚至购买一些未经检验合格的减肥药品来食用,结果不但损伤身体,乃至变成植物人,甚至危害生命的事例,也都时有所闻。唐崔护言:"人面桃花相映红",要有健康的身体,才会有红润的气色,才能显现女性的美。

第四,谈吐美

有的人讲话优雅,听了如沐春风,有的人善于援引,听来不致乏味,这都是谈吐之美。1943 年,宋美龄在美国国会发表讲说,短短 20 分钟吸引许多美国人心;英国"铁娘子"撒切尔夫人,被喻为英国政坛上,除丘吉尔之外,最擅长演讲的首相;因此一位女性要表现内涵,谈吐风仪不可少。

张潮在《幽梦影》中说:"梅令人高,兰令人幽,菊令人野,莲令人淡。"每个人审美的眼光不尽相同,标准难以放诸四海而皆准,与其过分注重外在的仪表,不如重视内在气质的显现,培养圆融通达的性格与广阔的视野胸襟,如此就是一位具有古典与现代美的女性了!

女性之美(二)

古来有不少俊秀才女,均以内涵为世人所称扬,像有德的胜鬘夫人、善巧的末利夫人;汉朝续修史书的班昭,被喻为"曹大家",以写《胡笳十八拍》传世的蔡琰,以文风清婉著称,乃至代父从军的花木兰,披甲上阵的穆桂英,也都表现出另一种生命的美。如何是"女性之美"? 有四点:

第一,风仪美

白居易在《长恨歌》中说:"回眸一笑百媚生,六宫粉黛无颜色",形容女子举手投足间风仪美的魅力。然而,风仪也不仅是外表而已,像大爱道比丘尼威德摄众,妙贤比丘尼德貌兼备,她们都因高尚的修养而为人所尊重和敬爱。因此,修养威仪、举止庄严,展现了风仪美。

第二,智慧美

苏格拉底说:"在世界上,除了阳光、空气、水和笑容,我们还需要智慧。"美国著名女作家苏珊·桑塔格,被公认为一等评论家;宋朝女词人李清照,是当时诗、词、散文皆备的才女;乃至妙慧童女深妙智慧,发坚固愿,为人敬重;净检比丘尼清雅有节,说法教化,如风靡草。他们文采丰富，自他教育，展现了聪颖敏捷的智慧之美。

第三，气质美

女性习惯以化妆妆扮外表，这种美丽却只是短暂的。真正永恒的美，往往是内心流露的气质。"气质"如香水，散发芬芳，像汉武帝皇后卫子夫琴棋书画俱佳，近人林徽因娴熟建筑、文艺，她们柔和而又坚忍，感情深厚而诚挚，其高雅自信的行止，令人赞赏。

第四，心灵美

日本诗人松尾芭蕉，一回出门赏花，途中为一位孝女感动，将身上所有金钱布施给她，花也不赏，便转头回家。友人问他为何，他说："能看人中之最美，不看花又何妨！"所谓"美"，是要能深刻触动人心深处。与其看貌美颜丽的人颐指气使，不如见平凡女子，在公交车上让位老人。因此，从心灵散发慈悲、体贴、善解、友爱，那才是真美。

东施效颦，惹人讪笑；黄承彦之女黄月英貌丑，却以才学贤惠，赢得诸葛亮的欣赏；诚如孟子所言："充实之谓美，充实而有光辉谓之大。"一个人美丽与否，以风仪、智慧、气质、心灵美为首要，这是女性之最美。

女性之德

现代的女性比以往辛苦，常常要扮演不同角色。白天要上班，下了班，还要赶回家煮饭、督促孩子做功课、收拾家务等，等到家人就寝，午夜时分，才有点时间做自己的事、看一点书。如何成为一名快乐又有智慧的女子？就是拥有一颗"平常心"，无论做什么，尽自己的因缘，全力以赴。做太太就做一个太太，做妈妈就做一个妈妈，在事业上，就做一位敬业的人。以下分析四种女性之德，提供大家参考：

第一，人媳要孝顺翁姑

为人媳妇，不但要照顾先生、家人，还要孝顺翁姑。尤其来自不同家庭成长背景，在起居、言谈举止间，难免有不习惯之处，生活上更要积极、主动。好比唐朝诗人王建《新嫁娘》，叙述初为人媳的紧张心情："三日入厨下，洗手做羹汤，未谙姑食性，先遣小姑尝。"能以灵巧的心，来处理生活中的琐事，不但翁姑、家人欢喜，生活也会更顺利。

第二，人妻要敬事夫婿

一个家庭欢喜、快乐的气氛要靠夫妻彼此创造。做妻子的，在他人面前，要给丈夫留三分情面，用智慧、善解人意来化解问题。多一分鼓励，不仅会增添力量，还会给孩子带来深远的影响。夫妻互相信赖，彼此给予尊重的空间，就会减少许多不必要的摩擦。

第三，人母要慈爱儿女

在工商社会里，许多家长只想到赚钱，对于亲子教育，疏于关心，造成许多"钥匙儿童""才艺儿童"，乃至"维他命儿童"等。母爱是无法替代的，真正的慈爱，是要引导孩子认识生命的价值，关心生活上的苦乐，并以身教潜移默化，让孩子的人生有正确的方向。

第四，人妹要和睦兄弟

《佛光菜根谭》说："家内和睦者，家道必昌；外事和睦者，外事必办。"一位有智慧的女性，她不仅敬爱丈夫、孝顺公婆，还会敦亲睦邻，和亲朋好友结下良好的人际关系，乃至成为男人事业上的贤内助，建立建功立业的好因好缘。所以说："和顺是兴家之本。"

美，是一种欢喜的感觉，一种内在的德行。女性在家庭中，要做观世音菩萨，所谓"千处祈求千处应"，做菩萨的化身，把慈悲欢喜带给每个人，在每一个当下，接受不同角色的转换，那就是最美的女性。

现代女性

这是一半一半的世界，男人一半，女人也一半。从前，女人被视为"无才便是德"，一天到晚忙于家务；时代不同了，现代的社会追求"男女平等"，女性不再受家庭的束缚，也能发展出自己的一片天地。如何建立信心，做一个现代的女性？有四点意见：

第一，有传统的美德，也要有现代的知识

苏格拉底说："女人最珍贵的饰物是美德，不是钻石。"女性独具的美德，如贤惠、温柔、和善，是为人所称许的，但是做一名现代女性，除了传统美德之外，还要兼具现代的知识，才能顺应多元化社会的潮流。诸如科学、财务、管理、文学、艺术等等。英国哲学家培根说："知识就是力量。"有了知识就能建立信心，就有实现梦想的可能。

第二，有感情的世界，也要有理智的生活

有人说："女人是感情的动物"。其实人人都有感情，只是女性较容易表露感情、关怀别人。除了细腻的感情世界，女性也要讲究理智的生活。举凡工作，全力以赴，不马虎随便；待人接物，客气忍让，不轻易冲动；金钱运用，周顾未来，不过分铺张；做事注重原则、明理、有规划。感情、理智能兼备，生活的调适能力也就具备了。

第三，有家庭的观念，也要有社会的事业

一般家庭里，视"男主外，女主内"为美德。随着时代变化，教育水平提升，自主意识的抬头，其实女性能做的事情很多，不一定只以在家相夫教子作为唯一的出路。除了照顾家庭外，女性也可以走入社会，与广大的人群互动结缘，开拓视野。比如担任社团义工、爱心妈妈，甚至开创个人事业等，都是很好的选择。

第四，有柔和的性格，也要有坚忍的力量

女性总给人一种柔弱、消瘦的印象，其实，自古至今，有不少女中豪杰，凭着坚忍的毅力，创造了许多丰功伟绩。例如宋朝的梁红玉，与夫共抵金兵，清末侠女秋瑾，巾帼不让须眉；乃至现代，有一生致力缅甸民主运动的昂山素季，被誉为20世纪最伟大的实验物理学家吴健雄等。现代社会竞争激烈，工作压力不小，若女性也能发挥担当、负责的坚忍性格，一样能成就一番功业。

21世纪的新女性，在本自具足的柔善性格之外，还要建立自信、勇于承担。

化妆之术

一束花，加一点丝带彩纸，表现送花者的情意；在餐厅内，加一点鲜花音乐，增进用餐者的舒适；甚至现在社会上的商品，都讲究包装，替产品美化一下，关于人的颜面头饰、一身上下，就更要靠化妆来美容了；甚至言语举措，都要靠涵养来修正、美化。化妆的种类有哪些？以下有四种：

第一，外相上的化妆

一般人最先重视外表的化妆，靠着化妆为外相上的缺点补强，以便在与人往来时，建立美好的形象。你看，一般妇女早上起来，没有薄施脂粉，便觉得无法出门；演艺人员没有装扮造型，也觉得上不了舞台，乃至上班、赴宴、约会……无论什么场合，没有化点妆，便觉得自己不礼貌。这外相上的化妆，可说是现代社交最基本的条件。

第二，风仪上的化妆

除了从美化面容、眼睛、眉毛这些外相的化妆外，还要有风仪上的化妆，这就要靠美化语言、美化心地了。有的人眼耳口鼻生得端正美丽，但没有美的语言、美的心肠，就无法长久欣赏。但有的人，她不一定靠名贵的化妆品，却能以朴素庄严吸引人，靠的就是自己的风度内涵、动作威仪，流露出一举手、一投足的美感，甚至她以礼貌尊敬的风仪，赢得他人的好感。

第三，心灵上的化妆

有一句话说："金钱可以买到化妆品，却买不到气质。"是的，一个人的化妆层次提高以后，她不一定靠外表的化妆，也不一定靠风姿化妆，她靠的是"心灵"的化妆。所谓心灵的化妆，是不假造作，是从内心自然流出的气质。跟她交往，会让你感觉到她为人的慈悲仁爱、乐于服务，或是她处世的智慧灵巧、公正和平；你也可以感受她性情的柔和尊重、亲切和蔼，具有宽容的心胸，这些都是自然而然心地上的化妆。

第四，生命上的化妆

一个人能使自己的生命，融入大众里去为群众服务，无我无他，投入无限的时空里去牺牲奉献，无有分别，乃至具有"先天下之忧而忧，后天下之乐而乐"的胸怀，这样的人，可说是以无上的生命价值来化妆了。

有句谚语说："三分人，七分妆"，点出了化妆的重要。其实，除了外表的化妆来美化外，还有内心道德、慈悲庄严、服务结缘、无我奉献，都是我们可以妆点生命的内容，你要选择哪一种呢？

家庭聚宝盆

很多人想拥有聚宝盆，总是希望财富能够取之不尽、用之不竭。有形的聚宝盆不容易求到，无形的聚宝盆却可以自己创造。一个家庭里的聚宝盆是什么呢？有以下四点：

第一，男子有事业

家庭里的男性，拥有稳固、正当的事业工作，能够安定家庭的经济的状况。否则，赋闲在家，无所事事，没有一份事业，或是三五个月就换工作，不仅家庭经济受影响，连带也会影响家人的身心生活。因此，男子有事业，是维系家庭的重要力量。

第二，女子有工作

古老传统社会有所谓"男主外，女主内"，到了现代，早已不同于过去了。家中的女子拥有一份工作，除了分担家计，增加一份收入外，借由工作，还可以发挥女性的能力，有助于视野的开拓、人际关系的建立，以及独立性格的培养。虽然辛苦，但生活圈子不再仅局限于家庭，而是扩大了生命的意义与价值。

第三，老人不退休

家中的老人，在工作上虽然退休了，但是经验和智慧已臻于成熟，这时应当传授给后辈，所谓"老干新枝"，生命才会有所传承，这正是所谓"退而不休"。好比南非前总统曼德拉，年届 80 余岁时，仍然还积极地参与有利于社会公益的活动，展现对人类的高度关怀。

第四，青年半工读

青年也是家庭的一分子，对于家务、经济，不能觉得事不关己，或是将父母所给予的，视为理所当然。尤其许多父母努力工作，甚至兼任两份职业，就是为了成就子女的教育。因此，青年要懂得关心、体谅父母的辛劳，主动关心、主动协助，或半工半读，从中也可以学习自我负责、自我磨炼、自我成就。

一个家庭里，能够做到以上四点，可以增加有形的财富，家里的男女老少也能皆有所乐、皆有所属。人人为家庭尽一份力量，和谐、安定、有共识，更是一种源源不绝的无形财富，这也才是真正的"家庭聚宝盆"。

和乐家庭

《法句经》云："居家事父母，治家养妻子，不为空而行，是为最吉祥。"《无量寿经》也载："世间人民、父子、夫妇、家室、中外亲属，当相敬爱，无相憎嫉，有无相通，无得贪惜，言色常和，莫相违逆。"果真家庭能如此，那真是人间吉祥事。以下有四点，也提供作为建立"和乐家庭"的参考：

第一，上慈下孝，合家和乐

家不是光靠一个人的努力就能和乐，而是要全家上下一心，共同创建。所谓"同体共生"，家里的每一个分子，更是彼此共生共荣，因此，要建立和乐家庭，上慈下孝，是每个人的责任。

第二，夫妇融洽，相敬如宾

所谓"夫有义，妇有德"，夫妇同心同德，家庭一定融洽。但是假如夫妻相处不和，互相怨恨，这是儿女的不幸，受害的是整个家庭。因此夫妇虽然是不同个体，关系至为密切，无论人前还是人后，都要恩爱亲昵，彼此尊重，才能建立良好的家庭关系。

第三，兄友弟恭，上下有序

一个家庭，无论年龄大小，大家恪守本分，礼让和谐，必能井然有序。尤其兄弟姐妹之间要互相尊敬，如古人所云："父子和而家不退，兄弟和而家不分。"彼此爱护，才能和谐融洽。否则兄弟阋墙，只会造成父母的伤痛，削弱家庭的力量。

第四，敦亲睦邻，守望相助

平时要亲人邻居多往来，即使只是一个礼貌性的招呼、一点小小的物质结缘、一句赞美关怀的语言、一些好处利益的分享，都会回报到自己的身上，带来善美的因缘。尤其现代人大都居住在小区里，彼此关照更形重要，守望相助，就能遏止小偷、坏人的觊觎。人我相助，就是天堂；邻里相敬，即是净土。天堂就在自己家中，净土就在居住的小区里。

古人说："家门和顺，虽饔飧不继，亦有余欢。"兄友弟恭，夫义妻贤，中外和乐，必致祯祥。以上这四点，是"和乐家庭"的条件与助力。

齐家格言

　　每一个人的成长都与家庭背景有着密切的关系，像习惯的养成、人格的完成、观念的建立等，因此我们可以看到，自古以来，许多前贤仁者撰文训示子女立身处世之道，维护传家门风，如《颜氏家训》《训俭示康》《朱子家训》《曾国藩家书》等，都是有名的传家庭训。在这里，也提供以下四点"齐家格言"，作为治家的参考：

第一，勤则家兴

　　有语谓"万般罪恶从懒惰起，万般财富从勤劳始"。你能勤于洒扫庭院，维持家务，家里一定整齐清洁；你能勤于田园耕种，田里必定丰收有余；乃至勤于帮助亲友，就会有欢喜的人缘，勤于付出服务，就会有成功的因缘。个人勤劳，个人会赞美；家庭成员都勤劳，家庭就能兴盛。所以，勤劳能兴家致富。

第二，懒则家穷

　　《长阿含经》载，懒惰懈怠有六种相貌："富乐不肯劳作、贫穷不肯勤修、寒时不肯勤修、炎热时不肯勤修、时早不肯勤修、时晚不肯勤修。"像这样懒惰的人，不肯付出，不肯努力，好逸恶劳，不务世事，茶来伸手，饭来张口，走到哪里，怎会为人喜见？家里又怎能致富呢？

第三，俭则家富

宋朝司马光对儿子司马康说，人以奢侈为荣，他却以俭朴为美。俭约之人，过失少；奢侈之徒，犯罪多。贵如宰相的司马光，也无不以俭约为荣。因此我们可以看到，道德高尚之人，无不从勤俭中走来，富贵的家庭，也无不从勤俭积累而成。善于治家者，不当的开支，不可以花用，不应浪费处，就不必开销。这里节省一点，那里节省一点，就能集腋成裘；这里俭约一点，那里俭约一点，就能聚沙成塔。

第四，奢则家贫

人在世间，拥有的富贵利禄，好比银行里的存款，如果日用太过，所谓"费多为居家之病"，你挥霍无度，奢华浪费，慢慢地福报享完，就没有了。《曾文正公家训》亦云："居家之道，唯崇俭可以长久，处乱世尤以戒奢侈为要义。"只有远离奢侈，才能远离贫穷，家庭才能富足。

要建立一个健全的家庭，这四点"齐家格言"，不能不注意。

儿女教育

父母对儿女的教育，如果太过严厉，会让儿女因为害怕，而不敢与父母沟通，有时，甚而导致孩子养成说谎的习惯；如果太过溺爱，又会让儿女养成骄慢放纵的习性。如何教育儿女礼貌有序，又不会太压抑思想，让儿女天真活泼，又不致太过放逸无礼？实在是身为现代父母者的一大课题。要给儿女什么样的教育呢？以下有四点意见：

第一，有自我要求的习惯

有些父母过于疼爱儿女，课业上的进度、生活上的整洁，都是由父母催促才完成，甚至也有由父母代劳的。父母不在身边，儿女的成绩，乃至生活习惯就一塌糊涂。这样的教育，不是爱护，反而是让儿女养成依赖心，时时要人照顾。因此，要让儿女养成自我要求的习惯，这是让儿女对自己负责，也是训练儿女独立，懂得照顾自己。

第二，有尊敬接受的性格

教育儿女养成尊敬接受的性格，尤其在现代这个人际关系密切的社会，非常重要。有了接受的性格，才能虚心接纳师长、主管、同侪的教导与建议；尊敬他人，才能接受他人的意见，尊重别人的存在，在处事上，才不会任己之意，为所欲为。你有了这种融和、接受的个性，才能与人和谐共事。古德云："涵容是处事第一法"，尊敬接受的性格，就是涵容的养成。

第三，有明因识果的知见

从小要养成明因识果、不与不取的知见。有了这样的知见，才能让儿女时时注意自己的善恶行为。明因识果，儿女就会知道所有的言行举止，都必须由自己承担与负责；明因识果，他会懂得"不以恶小而为之，不以善小而不为"，知道去恶向善。正见的养成后，父母就不用担心害怕儿女在人生道路上走错方向。

第四，有感恩说好的美德

培养儿童表达感谢，口中常常说好，心中常常感恩。懂得感恩的人，才能体会别人的付出；懂得感恩的人，才能懂得报恩。一个懂得感恩说好的人，必定是一个知足常乐的人。

教育儿女，要注意自己的言语、态度与方法，要慈严并施，也要耐心诱导，你不用框架束缚儿女，儿女就能尽其特性，发展自我。儿女懂得谦恭仁爱、明因感恩、修正身心，那才是教育之道，所以"教育儿女"有以上四点。

儿童的教育

一般人说："儿童是国家未来的主人翁"；俗语也云："看 3 岁定终身""从童年看出成人"，或是"童年的生长影响一生人格的发展"。这些说法，都是在告诉我们儿童教育的重要性。以下有六点说明：

第一，维护儿童人格的尊严

儿童的自尊心与自信心是相辅相成的，不要以为孩子还小，就轻易在众人面前处罚打骂，或是说一些中伤的语言。这样的伤害，会让孩子一生难以忘怀。所以为人师长，要维护儿童的人格尊严。

第二，养成儿童感恩的美德

所谓"锄禾日当午，汗滴禾下土；谁知盘中餐，粒粒皆辛苦"，应该要让儿童了解，每日的一粥一饭，半丝半缕，都是父母、农民、商人、工人等，辛苦努力工作而来，应存感恩之心，建立惜福的美德。

第三，培养儿童认错的习惯

所谓"智者改过而迁善，愚者耻过而逐非"。掩饰错误是带着错误生活，无论身心，负担既重且大。而认错是"觉昨非而今是"，放下错误，小心轻松，也令人赞他的勇气。认错，同时也是给自己修正行为的机会，犹如擦掉错误的清洁剂，可以让人重新开始。因此，要培养孩子不怕认错。

第四，化育儿童接受的性格

口袋，要能装得下东西才能拥有；杯子，要能倒得进清水才能解渴；儿童，也要听得进别人的教导才能成长。所以要教导儿童，接受是进步的根本，接受才是智慧的来源。

第五，重视儿童处事的礼貌

古德云："貌轻则招辱。"为人处世要有礼貌。有礼貌的人，心中就有伦理，心中有伦理次序的人，才会有法制规矩的观念。如此，人情处事就不会随便、轻慢。因此从小就要养成礼貌。

第六，教导儿童正常的生活

小孩子的意志较弱，缺乏自制力，但也是弹性大、可塑性高的时候，因此要训练他们生活正常，才能培养良好的生活习惯。生活正常身心健康，精神良好，更能养成做事有条理、处事有计划。

古德云："父母教子，当于稍有知识时。"孩子的习性一旦养成，等到长大才要改正，恐怕已非容易之事。所以儿童的教育，应在他稍有认知时，就开始导引学习的方向。

知书达礼

《管子·牧民》说："仓廪实而知礼节，衣食足而知荣辱。"为何物质丰富之后，就能识礼节、知荣辱呢？因为古人在生活不虞匮乏后，才有余力读书识字，进而通情达礼。但是，今人普遍受过教育，却并非每个熟读诗书的人，都懂得礼节。可见，除了学识之外，应该充实其他内涵，才能真正称得上知书达礼。在此有提升学识教养的四个方法：

第一，是非创造智慧之人

人要有明辨是非的观念，要有辨别善恶的能力。如果一个人是非不明、不知好坏、不辨邪正，当然没有智慧可言。《荀子·修身篇》说："是是非非谓之知，非是是非谓之愚。"因此，不仅要能辨别是非，还须有择是去非、趋善避恶的修养，才是有智慧的人。

第二，反省创造完善之人

曾参说："吾日三省吾身——为人谋而不忠乎？与朋友交而不信乎？传不习乎？"如果我们每天有反观自省的时间，检查今天说的话都对吗？有没有做错事？对父母、对朋友、对社会国家都尽心尽力吗？常作反省，久之，品格必趋于完善；因为反省会启发我们的惭愧心、感恩心、忏悔心。

第三，读书创造达礼之人

读书的目的就是要通达事理。有些人读书，读出贡高我慢之心，愈读愈愚痴，愈读愈蛮横。有些人读书，到最后只知书本的知识，不识世间人情。有些人读了书，确实有些小聪明，却做尽悖理违情之事，可说聪明反被聪明误。这样的读书人有何用？读书人最重要的是通情达礼，所谓"世事洞明皆学问"，学会对人、事、物的尊重，才是读书的真正意义。

第四，教育创造理性之人

人之所以自称为"万物之灵"，孟子之所以说"人之异于禽兽者几希"，就是因为人有理性，知道要实践仁义道德，这也是人之所以尊贵处。唯有教育能培养理性之人，所以不管是家庭教育、学校教育，还是社会教育，最可贵之处，就是能唤醒被欲望隐蔽的理性。

一个人的学识与教养，大部分是靠后天环境来养成，明是非、知反省、勤读书、受教育，都能培养自己丰富的学识及高贵的人格。

礼

　　礼，是人和人之间相处的基本原则。《孟子·离娄篇》说："父子有亲，君臣有义，夫妇有别，长幼有序，朋友有信。"这些分际，就是人伦礼节。人间有礼，就不会冲突，有礼就不会逾越分寸。何谓礼？

第一，定亲疏是礼

　　每一个人当然都有比较亲近或疏远的人际关系。父母、兄弟、夫妻、子侄，都是跟我们关系密切的，如果见了父母、兄弟、姐妹，还端出架子，摆个姿态，让亲人看了难过，那就不对了。反之，对待来访的客人，或业务往来的客户、洽公办事的人，如果不拘亲疏的胡言乱道，信口开玩笑，给人的感觉就成了轻佻、浮薄，而不是亲切尊重。因此，以关系亲疏决定对待之道，即是礼。

第二，决信疑是礼

　　对于某些事物，应该深信不疑，比方：对三宝深信不疑，对戒律守法深信不疑，对因果定律深信不疑，对知交好友信赖不疑。但是，世界上也有许多事，是我们不能完全了解、明白的，例如对于复杂的人事，存一点疑，不要追根究底，才能为彼此保留一个缓冲的空间。

第三，别同异是礼

世间的人事，有许多与我们的理念相同，但也有很多与我们想法相异。比如佛教只有一位本师释迦牟尼佛，却有许多不同的宗派，不同的修行法，如净土宗、禅宗、密宗等等。我们依附自己所喜好的修行团体"见和同修"，也应尊重其他不同的修行法门。又如不同的政治团体，有各自的立场，相异的理念，思想、观念投合者，我们固然能与之相处融洽，但也要尊敬那些思想不同的人。能如此，才是有礼。

第四，明是非是礼

有些人不明事理，蒙昧糊涂，到处纠缠不清。受到颟顸之害者，并非只有当事人，周围的人往往也会受到波及，时时有"秀才遇到兵"的困扰。因此，能明白事理，明辨是非，不带给别人麻烦、困扰，也是礼。

鞠躬如仪是礼，应对得体是礼，亲疏有别、和同尊异、明是知非，这些都是礼。礼不仅是仪式上的表现，还应该是内心、思想上的深刻体会。

成年礼

"成年礼"是我国流传已久的古礼，所谓"男子二十弱冠，女子十五及笄"，表示一个人从孩童、少年进入了成人自我成熟的新阶段。这是一种生命的礼仪，在历朝社会中，通过这个仪式的人，才会被认定为成年人。而今日，一般也会针对 18 岁的青年，为他们举行"成年礼"。其意义有下列四点：

第一，自我肯定

佛门有句话："天上天下，唯我独尊。"意思就是说，每个生命是独一无二的、独立自主的。所谓"天生我材必有用"，每一个人也都会有他的才能、特点，只是自己并未发觉。成年礼的意义就是宣告：我长大了，我现在是大人了，我已不再是儿童、少年了。过去都是靠父母、靠师长，现在我成人了，我要自我肯定，做自我的主人。一个人能肯定自己生命的价值，就能开发无限的潜能。

第二，承担责任

青年是社会的动力，国家未来的希望。在青少年阶段，无论家庭、学校，有钱、没钱，什么事情好、不好，都是父母、师长负责，自己都不用管。但是现在成年了，自己的责任、家庭的责任、社会的责任、国家的责任，我都要能担当。在成长过程，难免会遇到风霜雨雪，要培养承担的勇气，才能成长，才有力量。

通过成年礼庄严的仪式，唤起对生命的认识，肯定自己存在的意义，进而健全人格，肩负起对自己、家庭、社会的责任。

第三，心智成长

成年礼就是要昭告大家，自己不是小孩子了。不是像过去那样愚昧不懂事，知识慢慢健全，心理也逐渐成熟，故发愿要去除坏习气，做人处事，都能循规蹈矩，要建立好观念，学习为自己的行为负责，散发光与热，创造成就自己、成就他人、成就社会的人生，这就是心智的成长。

第四，感恩回馈

人生在世，不单是个人存在，过去靠父母爱护，给我们吃的、穿的、用的；学校师长培养我们，给我引导，给我知识，教我技能。成年后，就要独立自主，礼赞生命，感恩生命。往昔多少岁月，在懵懂无知中过去了，今天成年长大了，懂事明白了，我要回馈父母，帮助朋友，造福社会。懂得感恩回馈，才是一个富有的人生。

"成年"的定义，并不是年龄的积累，而是在心理上，能自我醒悟，凡事肯担当、知奉献，懂得随时将欢喜给人，给人良好的示范榜样，就是自我成熟。成年礼虽然只是一时，但代表的意义，却是一生的。以上提供四点成年礼的意义，给广大年轻人参考。

青年人的毛病

现代青年，受到社会急功近利、讲求时速的氛围影响，产生一些似是而非的观念，像强调如何一夜致富，让年轻人失去耐心；标榜"创意至上，经验无用"，使年轻人相信，凡事不用从头做起。这些错误的想法，会造成一些性格上的缺陷和毛病。如以下四点：

第一，速成而不耐烦

青年立志，往往"初发心容易，恒常心难持"，总想一步登天，不懂得养深积厚，因此难成大器。其实"强摘的花不香，强摘的果不甜"，一棵强健的树，根要扎得深，枝叶才会茂盛，常常移动它，树如何生长茂盛。所谓"滚石不生苔"，常常换工作，做事不久，磨炼不够，如何成为坚固不移的磐石呢？所谓"今日的耐烦做事，是未来成功的踏板；今日的千锤百炼，是未来事业的阶梯"。所以年轻人要想建功立业，要能经久而不懈怠，才能久炼成钢。

第二，好高而不踏实

年轻人的优点在于充满热情、满怀理想，然而却也常犯好高骛远、眼高手低的心态。所谓"先兵卒、后将帅"，希望在职场上高升，要脚踏实地先从基层做起、按部就班，否则将来做主管，如何管理基层人员？就像登山也得先从山下开始，才会登上高峰；基本马步蹲好了，才能逐步再修炼。与其好高骛远，倒不如先了解自己的优势，认识自己的缺点，自我养成，再步向目标。

第三，理想而不实际

青年们在人生规划上敢于筑梦，但往往虚浮不切实际，空有幻想而不能稳扎稳打地实践。有了理想，就要身体力行，在实际工作中，将幻想落实为理想。所谓"天下大事必做于细，古今事业须成于实"，务实中有理想，理想中要务实，否则，建筑在海市蜃楼的理想，就落为妄想了。

第四，怨人而不责己

有的年轻人做一行、怨一行，总觉得怀才不遇、不受赏识，遇到挫折或发现事情发展不如预期时，不但不反省自己，反而还怪别人、怨环境。人最大的弱点就是护短，隐藏自己的过失，不肯改进。反省是智慧的果实，是进德的阶梯，能以责备人之心来责备自己；以批评人之心来批评自己，才会进步。

知道自己的毛病，接着就要用心去改正，去除毛病的方法，就是要把"不"字改为"要"字去努力："要耐烦""要踏实""要落实""要负责"，以反观的镜子来端正自己的举止，才能够实现自我的理想。以上这四点，要时时自我观之。

如何面对空巢期

现代家庭人口稀少，儿女长大外出求学、就业之后，使得原本以儿女为重心的父母，面对着空荡的房子，莫名地产生一种孤独感。当面临所谓"空巢期"时，若不能尽快调适，生活质量也将受到很大影响。因此，"如何面对空巢期"提出三点意见：

第一，聚会善友来访

为了让儿女生活过得好、接受最好的教育，现代父母经常忙得昏天暗地，除了工作上的交际应酬，难得有时间与亲朋好友往来。因此，这个时候建立亲友感情是很重要的。经常与朋友联络，邀请三五好友到家里小聚，聊聊天、谈禅问道，互相切磋交流，不仅可以娱乐身心，也可以转移生活的重心，何尝不是一件愉快的事情呢？

第二，培养各种兴趣

年轻时喜欢做的事情，往往因事忙而不得兼顾，因此，这段时间正好是再度培养各种兴趣的时期。一个人不只有一种兴趣，可以有多种兴趣；甚至不只是动态的兴趣，如打球、跳舞、跑步等，还可以有静态的兴趣，如抄经、集邮、绘画等。兴趣不但能升华情绪，拥有自我，也能帮助别人一起面对空巢期的寂寞；培养兴趣爱好，不仅分散内心对孤独感的着意，也能丰富自己的生活。

第三，关心社会公益

除了关心自己的家庭，进一步还要扩大关心的层面，关心他人、关心社会，好比投入公益，到学校当爱心妈妈、到医院慰问病人、服务社会弱势团体、到寺院里当义工等，让眼界更加宽阔，让心量更加广大，则关注"小我"的心，也将转而关注"大我"了。

面对老病

人一生要面对的问题很多，有些可以控制，有些不能控制，好比老病，就是不可避免的。人不一定老了才会有病，年轻人也可能生病，生病是不分老少的。但是一般而言，老人生病还是比较让人挂念，到底老病时该如何面对呢？以下四点：

第一，从心不苦做到身不苦

无论是小病或大病，生病是人生不可避免的。人在生病时，由于身体疼痛，多半会造成意志力脆弱。心力较弱的人，你打他一下，就要大呼小叫；心力强的人，连眉头都不皱一下。有病没关系，面对疾病痛苦的当下，应该提醒自己"与病为友"，从心不苦才能做到身不苦。

第二，从看得破做到过得好

出家人穿的僧鞋，脚面上有洞，意思就是要人看得破，面对老病也是一样。人有许多理想、目标，但是"生病"这件事却没有时间性，还来不及防备，它可能就来了，因而打乱不少人对未来的憧憬。这时，若一味地执于对将来的期待，将不得安心。所以，面对病苦要看得破，看得破就能做好现在能做的事情，就能帮助更多的人，日子也就过得更快乐了。

第三，从药物治疗做到心理治疗

老年人生病总是喜欢看医生，其实，每个人都可以做自己的医生；当身体感觉到不舒服时，勉励自己更坚强，才能淡然处之。能够做到这样，病也就好一半了。

第四，从放下执着做到安然自在

有句话说："不是疾病痛苦，而是妄想摧残人心。"人生要像手提箱一样，能提得起，也要放得下，甚至面对疾病也要做到安然自在，才是真正的面对。人生的意义不在于活了多久，而是在于为这个世间留下多少贡献，如台湾抗癌小斗士周大观，他的生命虽短，但展现的生命力却让千万人感动。

所谓"老病死生谁替得"，在人生旅途上，生老病死是每个人必经的历程，谁也代替不了谁。而老病并不可怕，最可怕的倒是心态不健全。

退休的春天

一般人退休之后，感觉好像忽然失去一切，空荡荡的日子，不知道要做什么。尤其每天工作的人，退休的转变，甚至会感到人生失去了价值。其实退休的人，只要懂得安排，或加入义工行列，或为人服务，退而不休的生活，空间会更宽广、自在。怎样过一个退休的春天？可以参与以下活动：

第一，松柏联谊会

有的人退休以后没事做，老是待在家里，身体、脑筋各项功能很快就退化了。所谓"天行健，君子以自强不息"，人活着就要动，不离人群，生命才有活力。退休后可以相约老朋友组织联谊会，举办长青活动，如旅游、表演、书画展、品茶会等，通过联谊、交流，交换心得，扩大生活范围。

第二，银发俱乐部

人活到六七十岁，孩子成家立业了，孙子也带不动了，日子该怎么过呢？俗语云"活到老，学不了"，只要肯学，年纪不是问题。你可以加入银发俱乐部，依照自己的兴趣，或参加读书会，或到老年大学学习语文、下棋、绘画、歌唱、跳舞、摄影、太极拳等课程，日子过得充实，生活更有自信。

第三，长青旅行团

许多人年轻时就梦想环游世界，但是大多数人都因为家庭责任、工作繁忙种种原因，无法出国旅游。退休的人，正好可以放下一切，或者到中国万里长城、印度泰姬陵、美国大峡谷、埃及金字塔、巴西伊瓜苏瀑布、意大利古罗马竞技场等等世界名胜参访，不但增长见闻，也丰富生命阅历。

第四，延寿加工厂

一个人肉体的生命是有限的，智慧的生命却可以历久弥新。退休的人，可以担任义工，服务别人；可以贡献自己的智慧、技术，让年轻人接棒。对社会回馈、服务，将有限的生命延长、扩大，好比中国人讲的"立德、立言、立功"三不朽，就是把功德、思想、言论、道德、慈悲都留在人间。

退休的生活，一样可以精进，发挥生命的光和热。参与以上这四方面的活动，就会拥有退休的春天。

长寿歌

现代不少有识之士，已经懂得把生活过得很美好，既有身、心、灵整体的健康，又有足够的生活资用，这时候多数人希望进一步求得长寿。根据美国明尼苏达州梅奥医疗所研究报告，乐观的人可以避免在 50 岁以前往生，因为他们的生活质量比悲观的人好很多。可见得人的长寿，与生活态度很有关系。

因此，想要过得快乐，方法就是"欢喜"。张群先生有一首《长寿歌》，就是以"笑"，作为治疗百病的药方。歌词是：一笑烦恼跑，二笑怨憎消，三笑憾事了，四笑病魔逃，五笑永不老，六笑乐逍遥，时常开口笑，寿比彭祖高。说明如下：

一笑烦恼跑

未来佛弥勒菩萨的特长，就是对世间人事哈哈一笑、以笑为修行，所以世间人都喜欢他。对的！日常生活当中，有什么了不起的大事值得去斤斤计较？每天都能笑口常开，大笑几声，烦恼自然烟消云散。

二笑怨憎消

人生最大的痛苦是"怨恨"，人们因为放不下他人的不好，或是因为他人不肯顺我意，就以"恨他"来"惩罚"自己。这时候，打从内心笑一笑自己吧！所有的怨恨都会消除的。印度孟买有个医生，在以色列耶路撒冷筹备了一个"笑声俱乐部"，希望以此来化解以色列、巴勒斯坦两国之间的仇恨。这真是比科技更加了不起的发明！

三笑憾事了

人生就像一场戏剧，遇事不必太在意。每一个人都难免遇到冤屈、毁谤、是非等困扰，纵有遗憾，哈哈一笑，也就什么都过去了。美国宾州有个抢匪，戴着迪斯尼小狗面具抢劫，想不到使得商店伙计忍不住狂笑不止，反而将抢匪吓跑了！可见得笑声的威力。

四笑病魔逃

人生难免有"四大不调"或"业障现前"之时。单是身体有病，可以靠良好的饮食、规律的作息，以及适度的运动来调养。但是如果心里也因此生病，那就很难痊愈。佛陀曾教导弟子说："身体的病苦人所难免，但是不要让你的心也跟着生病了。"所以，何妨病中作乐，自我取笑一番，病魔反而早早地逃跑了！

五笑永不老

常常发现开心的事、笑口长开，心里的年龄就会青春不老。因为胸怀宽大，做人宽恕，对人欣赏，对境知足，布施给人微笑与赞美，自己自然也喜悦健康，即使年龄老大，内心也创意泉涌，胜过青年。

六笑乐逍遥

人是为了快乐才来到人间的，不是为了烦恼而出生的。既然前面各种忧恼，都可以"一笑解千愁"，就像"千年暗室，一灯即明"

一样的道理。我们要提倡"人生一天三大笑，健康快活似神仙"。

快乐不是因为拥有的多，而是因为计较得少。愿意原谅别人，其实就是祝福自己。只要一个真心的微笑，什么困难的事情都会消解。生活的态度改变，转个念头就能化忧愁为欢喜。常保喜悦，无论长寿与否，这一生总是充满了阳光，是个丰收的人生。所以这个长寿歌请大家记住。

长寿之要

现代人非常注重"养生"，目的当然是为了健康、长寿，这是很重要的。现在的物质生活丰富，可以说人生是这么的美好，当然要有健康的身体才能享受，所以，要懂得养生之道，以保健康、长寿。关于"长寿之要"，有八法提供参考：

第一，起居有时

古人"日出而作，日落而息"。生活作息定时而规律，所以古代医学不发达，但却鲜少生病；今人经常熬夜、晨昏颠倒，因此文明病愈来愈多。说明一个人的一日生活，什么时候就寝，什么时候起床；起居有时，生活正常，这是维护健康的第一步。

第二，饮食有节

现代人有很多的病痛，都是饮食不当所造成，最明显的就是营养过剩，造成肥胖症。过去老人家总叫人要多吃才能长寿，其实现代医学主张，少吃才能健康。尤其每日三餐，要定时定量，不暴饮暴食，所谓"早餐吃得好，午餐吃得饱，晚餐吃得少"。饮食有节制，才能吃出健康来。

第三，工作有度

工作是生存的必要条件，不仅获得经济来源，也是心灵的重要寄托；有工作，人生才有意义，所以人都需要工作。但是，长期过度的劳神费力，也是健康的无形杀手，因此工作有限度，才能健康、长寿。

第四，运动有恒

适度的运动，也是健康不可少的条件，每天慢跑、打球、做体操等，都是简单易行的运动，应该持之以恒。

第五，心常欢喜

人的身心往往相互影响，身体不健康的人，心里常为病苦，自然难以快乐；相对的，心里不快乐，也会影响身体的健康。所以，常保一颗欢喜心，是长寿不可少的要件。

第六，与世无争

做人做事，有时候当然要努力以赴，但是在名位、权利之前，有时候也不必和人有太多的计较、太多的争执，所谓"无争自安"，能够与世无争，自能常保安康。

第七，与物无竞

人在享受物质的同时，如果过分贪求物欲，往往为物所役，所以与物无竞，才能身心泰然。

第八，淡泊宁静

世界上很多时候，应该是我的，不求自来；不该是自己的，强求也求不得，这就是因缘。懂得因缘法的人，凡事随缘随分，对于生活里的一切，无论是非得失、好坏有无，都能淡泊无欲，平静以对，这是最好的养生法门。

卷三　|　幸福之门

"福"如稻谷，必须勤劳耕耘，
才能结穗丰硕；
"福"也如水源，必须珍惜使用，
才会充沛丰盈。

祥和之气

　　人脑有个"左颞顶叶"区，主掌人们的正面情绪。此区愈活跃，就愈能感受祥和，有人称它为"快乐中心"。美国威斯康辛大学研究员戴维森，对修行多年的佛教徒作研究，发现他们拥有祥和宁静之气，就是这个"快乐中心"能经常保持良好的状态。其实，不仅是修行人，大多数的人也都渴望内心拥有一片祥和，这个人人本具、不假外求的"快乐中心"，怎样才能发挥功用呢？在此提供四种方法：

第一，孝亲感恩是祥和之道

　　一个人能孝顺父母，尊敬师长，必能招致祥和。佛经将孝敬父母师长称为"敬田"，与佛法僧三宝列为同等地位。能时时刻刻响应他人的善意与温情的人，心中自然充满柔和与善意，又何愁不能感应祥和之气？

第二，勤劳慈悲是祥和之道

　　经典中说，有两种田是我们要勤于耕种的。一是敬田，二是悯恤孤苦贫穷之人的"悲田"。佛陀告诉弟子：勤于照顾穷苦贫病的人，功德与供养佛陀一样。因此，律己勤恳精进，待人慈心悲悯，能够招来祥和的磁场。

第三，宽恕敦厚是祥和之道

明朝儒者王锡爵说："忠恕为存心之本。"在佛教讲，恕则是一种放下，当我们拒绝宽恕他人的错误，其实受到最大折磨的正是自己。你看，蛤蚌能包容跑进身体的沙粒，才有璀璨晶莹的珍珠；假如我们也能以宽大的胸襟来包容异己，必定自己内心会先感受到温柔敦厚的祥和之气。

第四，礼让谦逊是祥和之道

有些人时常习惯"意气之争"或"据理力争"，殊不知，你赢了理，却输了人情。一个人如果老是想为自己争一口气，不让半步，不肯吃一点亏，必然无法维护良好的人际关系。所以我们要想招感祥和，为人处事就要多说好话、多一些礼貌、多一些谦虚、多一些让步。

祥和是一种美德，祥和是自尊尊他；祥和能带来欢喜，祥和能带来快乐。以上提供这四点意见，给想拥有宁静之气的人参考。

幸福之门

人活在世间,总希望过幸福、快乐的日子,有的人认为拥有钱财就是幸福,但是有钱却要担心被偷、被抢;有的人认为权势就是幸福,但是权势往往使人道德堕落;有的人认为长寿就是幸福,但是身体衰弱,生活又有什么乐趣? 如何进入"幸福之门"? 有四点建议:

第一,对人要有感恩的美德

俗谚说:"吃水不忘打井人。"人不能离开群体而存在,举凡穿衣、吃饭都需要仰赖他人织布、种植,加工、烹饪,无时无刻不得之于别人成就的因缘,因此,要心怀感恩。有感恩心的人,才是富有之人;懂得感恩的人,才能体会别人付出的辛苦;懂得感恩的人,才知道感恩图报;一个懂得感恩的人,也必定是个幸福快乐的人。

第二,对事要有忍辱的美德

俗谚说:"忍忍忍,百忍成金;气气气,一气成恨。"人和人之间总有共事的时候,处理纷杂的人、事,最重要的就是有忍的美德。"忍"不是懦弱,而是力量,小事不能忍则能酿成大祸。所以,不计较小事,才能减少心灵的负担;不听人闲话,才能远离不必要的争端。有忍辱的美德，必定能幸福快乐。

第三，对物要有满足的美德

人的生活离不开物质所需，出远门以车代步，饥饿需补充饮食，然而物质有限，欲望却是无穷，只有心怀满足，才能享受现前拥有的幸福。法国文学家阿米艾尔说："幸福的真正名字是'满足'。"知足的人，虽然日子过得贫穷，但是内心却拥有满足的喜悦；不知足的人，虽然生活富裕，内心却一贫如洗。

第四，对己要有忏悔的美德

为人要常怀忏悔心，《万善同归集》里说："诸福中，忏悔为最，除大障故，获大善故。"忏悔让人有重生的力量，如陈年的污垢，于一朝洗涤清净；如密布的乌云消失，展露和煦的日光。忏悔才能改过，忏悔才能清净，忏悔才能进步，因此，为人要有忏悔的美德。

每一个人都可以为自己带来幸福，也唯有自己才能给自己幸福。能做到以上四点，幸福不在遥远的那一方，就在每一个当下。

惜福之方

"福"如稻谷，必须勤劳耕耘，才能结穗丰硕；"福"也如水源，必须珍惜使用，才会充沛丰盈。惜福，就是爱惜自己的福德因缘，宇宙之间，一滴水都有它无穷的功用，都值得我们珍惜，不要随便浪费自己的福报。惜福的方法有哪些呢？以下四点：

第一，只字必惜，贵之根也

敬字、惜纸是国人传统的美德，甚至古时候乡村，都会建有"敬字堂""惜字亭"，来表达对文字纸张的爱惜珍视，这也是一项特有的历史文化，为此还受到邻近如日、韩等国的尊崇。能够只字珍惜，从一个字、一句话，开启智慧、培养人生正确的观念，这是富贵的根本。

第二，粒米必珍，富之源也

一粒米，经过农民耕作、工人加工、商人贩卖，结合水分、土壤、阳光、空气等，积聚了天地所有因缘、力量，才能成为一粒米，给我们充饥、填饱肚子。所以在丛林里，以"佛观一粒米，大如须弥山"，教育大众养成惜福的美德，精进于道业。懂得珍惜粒米，是积累财富的源头。

第三，片言必谨，福之基也

所谓"利刀割体疮犹合，言语伤人吃不消""一言足以伤天地之和"，因此，我们出口的只字片语，都要谨慎三思。说的语言要像阳光，温暖人们冷却的心灵，为众生作光明的指引，也要像净水，洗除人们心中的烦忧，清凉众生心中的热恼，这才是做人处世积福厚德之基。

第四，微命必护，寿之本也

经典说："长寿者，慈悲中来；短命者，杀生中来。"懂得尊重生命，就是长寿的根本。不仅要爱护有情生命，乃至无情的花草也有花草的生命，毛巾有毛巾的生命，一支笔、一组沙发，都有它的生命，都要保护它、珍惜它、延长它的生命，这都是佛教主张的护生观念。

惜福知足，可以对治人类对物质的过度追求。有惜福心，就会淡泊物欲，自能不见别人的是非、过患。惜福，也是佛教对于"同体共生"的认知，唯有珍惜大自然的各种资源，人类才能在地球上开展理想的新世纪；只有了解彼此群我的关系，能生感恩惜福的心，人生会更有意义。以上这四点惜福的方法，值得我们深思实践。

福寿富贵

福寿富贵是吉祥的象征，尤其中国人常讲"多福、多寿、多财、多喜"，无不希望福寿绵延，子孙绕膝，昌盛隆显。但是活到 100 岁、120 岁，儿孙满堂、一定获得富贵吗？活到百岁老病缠身，儿孙成群却不孝顺，亦是苦也；求高官，儿女各飞西东，得厚爵，亲朋嫉妒打击，又是多么遗憾。因此，什么才是真正的福寿富贵呢？提供四点意见：

第一，平安即是有福

高官厚禄，人人向往，但位高权大，不一定平安。唐朝两朝良佐长孙无忌，位列功臣首位，却因政治诡变，最后家族命运幡然改变。权贵之时，攀因索缘者，门庭若市，应付不暇，实在不得安宁。因此，名位财富之外，父母的平安，能颐养天年；儿女的平安，能健康成长；夫妻的平安，能和睦相处；事业的平安，能生活有序；做人的平安，能身心安顿。所以，平安是最大的福报。

第二，功德即是长寿

世界上的寿命，再长如彭祖活到 800 岁，最后仍免不了黄土一抔；世间上的福乐，纵然贵如帝王，终究归于生灭。因此，人生当求永恒的生命、无量的福报。像中国人讲"立功、立德、立言"三不朽，将精神、事业、道德流传于世，为人间留下贡献，留下榜样，留下言教，留下历史，永久让人怀念，功德就是最长的寿命。

第三，知足即是富贵

古人有谓："财多愈求，官高愈谋，人心不足，何日够休。"不能知足，纵然家威显赫，亦是贫穷。被满清朝廷裂地封王的吴三桂，手握兵权，位高富贵，却不能安分知足，终归失败。弘一大师吃饭一碟萝卜干，洗脸一条破毛巾，他却说，"咸有咸的味道""还可以用啊"！所以，富贵不知足，犹仍贫渴；满足快乐，就是心里的富足。

第四，适情即是自在

世间好坏因缘虽然不定，但我们自己可以乐观以对，欢喜做人，欢喜处世，主动结缘。所谓随缘、随喜、随遇、随心，就会安然自得。又好比慈航法师说："只要自觉心安，东西南北都好。"体会到"酷暑寒冬都美、南北东西都好、高低上下都妙、人我界限都无"，就能适情自在了。

人能知足，就能常乐，顺逆能忍，即能平安。什么是福寿富贵？这四点做得到。

圆满的社会

"圆满"是人们所向往、欣羡的,好比花好月圆、子孙满堂、福禄寿全等,都被用来颂扬"圆满"。但是《法华经·譬喻品》云:"三界无安,犹如火宅,众苦充满,甚可怖畏。"人生总会面临生老病死、苦乐无常,甚至战争威胁、种族冲突、生态破坏、自杀犯罪、贫富不均、婚姻暴力等问题。要如何建设安全、安心、圆满的社会呢?

第一,善人要无我利他

极乐世界里"诸上善人聚会一处",没有冤仇嗔怒逼害,是因为善人懂得"无我"。因为无我,所以能放下小我,建设"大我"、融入"大我",尊重对方,处处为对方着想;能够"无我",待人处事,自然能你大我小、你对我错,没有比较计较,消融差别对待;能够"无我",才能以众为我,自利利他,自然受人爱戴、敬重。

第二,贤人要舍己为众

有些人才华高、能力强,却不肯为人服务、付出,空负这一身的能量,实在可惜。佛教说"大喜大舍济含识",诸佛菩萨也都是"来为众生来,去为众生去",老子亦云:"既以为人,己愈有;既以与人,己愈多。"能够舍己为众,为大众、为社会贡献微薄的力量,表示我们有能力、有价值，这比只是等待获取的人生更加充实、更具意义。

第三，正人要心存善念

不要小看一念善心，所谓"一善可以消百恶"，明朝进士袁了凡著《了凡四训》，正是说明心存善念而彻底改造命运。佛经云："一念善心，成佛有余。"佛教的八正道，即以正见、正思维为首，能够时时心存正念、善念，可以随缘消旧业，可以转凡为圣，离苦得乐。

第四，好人要正当信仰

信仰是发乎自然，出乎本性的精神力；正确的信仰可以获得无比的利益，例如佛经中譬喻：信仰如手、信仰如杖、信仰如根、信仰如力、信仰如财。但是信仰亦如交友，最要紧的是要正信，也就是思想见解要正当，言行作为要正当，如果信仰错误，好比一个人交错了朋友，毁了一生的前途。因此信仰的对象、宗教，更应该仔细抉择，确认正信的宗教、正当的信仰。

圆满的社会，不仅是追求物质生活富饶安乐，更是"天下一家""法界一如"，泯灭人我对待、自他融和一体，从人权到生权，彼此尊重包容，同中存异，异中求同，这才是真正圆满的社会。如何做到？有以上有四点方法。

和乐的社会

孔子阐扬礼仪之邦的理念，是为了建设和谐的国家社会；世界各国想要和平相处，必须彼此尊重包容，才能和乐爱敬。

一个安和乐利的社会，必须具备什么条件？除了经济富裕，让每个人都能工作无缺、生活无虞之外，更应该具有合于礼法、合乎道德的社会文化，如何建设真正和乐的社会？

第一，要能彼此诚实无欺

古人有因诚实，受到君主重用的，不乏其人。如齐景公敬重晏子的诚实，便委以重任，聘为上卿；汉高祖信赖周勃的诚实稳重，而说："安刘氏天下者，必勃也。"宋真宗也因为欣赏晏殊的诚实，而加以重用。诚实无欺，是立身处世的根本，谋求各种职业，必须诚实，才能得到信任。

第二，要能彼此结缘感恩

对于恩惠不知感谢的人，是无法得到帮助的；时下一般人，只希望"别人为我"，却不晓得"我为别人"。若能细想，平常的一粥一缕，来处不易；一石一木，一砖一瓦，也要经过多少人工的辛勤劳动，才能成为可居住的房子，怎能不感恩惜福呢？自己行有余力，也要广结善缘，福德因缘才会愈来愈深厚。

第三，要能彼此慈悲敬爱

一般人都认为圣人才值得敬爱，相反的，在圣人的眼中，每个人都值得尊敬。过去，基督教发扬博爱，墨子推崇兼爱，儒家阐扬仁义，历代诸子百家、宗教家，莫不希望能发挥人类的慈悲，如《胜鬘经》言："普为众生作不请之友，大悲安慰，哀悯众生。"人与人之间，彼此慈悲敬爱，社会就能和乐自在。

第四，要能彼此谦虚尊重

一个人如果只知与人争论，只有加深彼此的怨结。过去有相邻的两户人家，其中一家人，每个人都理直气壮，相互怨怪对方的过失，总是闹得天天鸡犬不宁；另一户人家，只要有事情，总是谦和尊重，相互道歉，因此过得和乐融融。所以我们要培养谦和的气质，懂得包容谦让，懂得和平尊重，才能化斗争为融和，化困境为顺境。

《无量寿经》记载："世间人民，父子兄弟，夫妇家室，中外亲属，当相敬爱，无相憎忌；有无相通，无得贪惜；言色常和，莫相违戾。"社会犹如一个大家庭，和乐安定的社会，有待全民共同建立。

文明社会

有人说：文明的社会就是"真善美的境界"，它具有四个条件，如果能重视，就会让我们的人格、形象，提升到一个真善美世界。

第一，衣着是社交的礼节

俗云："佛要金装，人要衣装"，适当的穿着打扮，除了代表尊重与重视之外，也是一种身份认同的表征。我们在社会上与别人往来，比方参加宴会、典礼、会议等种种社交场合，都需要重视衣着。衣冠整齐是一种礼仪的表现，如果不修边幅，便是失礼。而且，整齐、适宜的衣着，不但是社交的礼貌，也关系到个人的形象。

第二，轻声是文明的象征

有的人一开口讲话，粗声、大吼、肆无忌惮，甚至到处嘈杂、扰乱安宁、干扰别人的谈话，这是最没文化，最没教养的表现。新加坡的政府规定，餐饮时不可以大声喧哗，因此，即使数千人的宴会，也是一片宁静祥和。轻声慢语，除了代表一个国家、民族的文化，和人民的教养，更是文明的象征。

第三，微笑是室内的阳光

中国人说："见面三分情"，大家有缘相见，脸上要经常挂着微笑。同事一天见面两三次，能够多几次微笑，表示友善与沟通，不但能使彼此相处愉快，也能减少摩擦冲突。世界上最美的就是笑容，一个人即使长得很美丽庄严，但没有一点笑容，像僵尸一样面无表情，也不成为美人。真正的活人，脸上都会挂着微笑；微笑就是阳光，能让人感到温暖喜乐。

第四，信任是成功的朋友

我们和别人相处，能信任对方吗？人际相处，如果对这个不信任，对那个也怀疑，到最后会连一个朋友都没有。有些领导者和干部之间，平日看似合作无间，实则互信基础不稳，一旦患难危急，信赖感便破裂，而导致无法弥补的悲惨结局。所谓"用人不疑"，三国时代的吕布，便是活生生的例子。人之相知最重要的就是信任；信任一个人，他会死心塌地地效忠你，所以，信任是成功的朋友。

适宜的衣着、优雅的语言、真诚的笑容，以及全然的信任，不但能使我们享有优质的生活品质，也是文明社会的最佳表现。

福祸哀乐

人人莫不求福避祸，但是《印光大师文钞》里告诉我们："天之所以成就人者，有苦有乐，有逆有顺，有祸有福，本无一定。唯在当人具通方眼，善体天心，则无苦非乐，无逆非顺，无祸非福矣。"因此，福祸哀乐来时，应如何看待？从以下四点，可以知道：

第一，福莫大于无祸

什么叫作有福？多子多孙，抑或高官厚禄？《菜根谭》云："福莫福于少事，祸莫祸于多心。唯苦事者，方知少事之为福；唯平心者，始知多心之为祸。"真正的福莫大于无祸，若欲无祸，应当留意自己的起心动念。当我们心存善念，祸患反能成为逆增上缘；本为福德因缘的好事，由于心邪不正，福报也恐成为祸患。因此，无自私邪执，必能得福而远祸。

第二，祸莫大于求福

所谓"祸福有因，自作自受"。有人"福星高照"，有人"飞来横祸"，有人"因祸得福"，也有人"祸不单行"，是祸是福，全然取决于自身的造作。若想福至家门，在祸患之时，懂得培福、修福、求福，就能替我们消除灾祸，诚如曾子所云："人之好善，福虽未至，去祸远矣。人之为恶，凶虽未至，去福远矣。"

第三，乐莫大于为善

什么是快乐？吃喝玩乐，还是物欲享受？其实世间的快乐短暂而浮华。《华严经》有谓："一者因乐，因行善法得他世乐，是名因乐。"我们若以一颗善良的心行善救济，服务人群，不但温暖人心，自心亦常欢乐，诚如明朝张景岳所说："唯乐可以养生，欲乐者莫如为善。"足见快乐的泉源来自于行善。

第四，哀莫大于心死

面对亲人好友的失去、心爱东西的遗失，固然令人悲伤，但不舍的心情，会随着时间的流逝而抚平。其实最大的悲哀莫过于心死。历史上，崇祯皇帝见国破家亡，上吊自杀；项羽自知敌不过刘邦，刎颈自杀；屈原对国家失望至极，投江自尽，他们都是因为感到灰心丧志而结束生命。有希望才会有光明，无论遇上任何困境，切勿让自己的心失去生机，要怀抱希望，才能活出生命的意义。

福祸哀乐实为人之常情，也不是固定不灭的，无论我们现在处于何种境地，懂得乐天知命，随遇而安，抱持以上四点原则，则无处不逍遥自在。

宁静致远

诸葛亮告诫儿子："静以修身，俭以养德。非淡泊无以明志，非宁静无以致远。夫学须静也，才须学也。非学无以广才，非勤无以成学。"许多人好大喜功，追名逐利，但是奢华的人生，往往如昙花一现，唯有充实内在，提升涵养，才能拥有光辉的岁月。如何达到呢？有四点与大家分享：

第一，非淡无以明志

人生最高的境界是能甘于淡泊，因为追求繁华容易，返璞归真困难，倘若无此淡泊心志，要将人格发挥到极致，就非易事了。生活恬淡寡欲、远离名利，才是真正的君子，如孔子"不义而富且贵，于我如浮云"，王维"行到水穷处，坐看云起时"，杨慎"古今多少事，尽付笑谈中"，都是最佳的实证。反观现代人，惯于物质享受，真正能"不畏浮云遮望眼"者，又有几人？

第二，非静无以致远

哲学家苏格拉底有位彪悍的妻子，有回对他大发雷霆，又朝他泼冷水，苏格拉底只是笑笑地说："雷鸣之后，免不了一场大雨。"外境的风雨，动摇不了圣者内心的宁静。儒家说："定而后能静，静而后能安，安而后能虑，虑而后能得。"佛经亦云："静心投入乱念中，乱念全入静心中。"我们在一天之中，不能没有独处的宁静时间；唯有宁静，才能让我们的身心永保安泰。

第三，非学无以广才

西汉文学家刘向以为做学问是"少而好学，如日出之阳；壮而好学，如日中之光；老而好学，如炳烛之明。"学习是成功的基石，人生活到老，学到老，一个人若太过故步自封，容易在原地打转，无法踏步向前。做人处事，要"学"才能开阔我们的视野，发挥我们的才华，所谓"开卷有益"，懂得广学多闻，就能丰富内涵。

第四，非勤无以成学

人生无论做学问或创业，未经过集腋成裘的扎实功夫，往往无法学有所成。正如爱因斯坦说的："求学犹如植树，春天开花朵，秋天结果实"，若抱持一日暴之，十日寒之的心态治学做事，再容易的事也无法顺利完成。所谓"勤能补拙"，只要有"勤"，必能实现理想，创造佳绩。

生活里要想达到宁静致远的境地，以上这四点可以参考。

真正的享受

每个人都希望能舒服地享受精神或物质上所得到的种种。有的人希望享受富贵荣华，有的人喜欢享受天伦之乐，有的人喜欢享受清闲、安静，有的人享受读书、做事的乐趣。世间可以享受的东西有许多，要知道享受的真义，才能提高享受的品质。在此有四点意见贡献给大家：

第一，享受健康，不如享受平安

在现代如此不安全、不健康的环境中，能拥有健康的身体，是很大的福报。能享受健康固然很好，但更要享受平安。

一个人有健康的身体，如果心中不安宁，有太多的挂碍、恐慌、畏惧，或是颠倒妄想，那也算不得真正的健康。因此，身体健康很重要，心灵的平安更重要。

第二，享受财富，不如享受书香

有的人注重财富的积聚，眉开眼笑看着存折里逐渐增加的数字，觉得是最大的享受。能有财富当然很好，但不如享受书香。

有财富，可以买到鱼肉，却不一定买得到食欲；可以买书，却无法买到气质；可以召来酒肉朋友，却买不到知交；可以买上好的床，却买不到睡眠。财富不一定能够提供享受，拥有真理、知识、智能，才是最大的享受。

第三，享受名利，不如享受无求

有的人对名利的需要很殷切，渴望获得名利、荣耀、他人的恭维、赞美等等。其实真正的享受要享受无求，所谓"有求皆苦，无欲则刚"，心中没有欲望，什么都不求，能看透功名富贵、名誉利乐的不真实，什么都不求，才是真享受。

第四，享受求得，不如享受施舍

有的人喜欢享受得到的快乐，买了彩券中奖了，乐不可支；股票涨了，欢天喜地；得到别人的赞美，心花怒放。

得到这些当然是享受，不过快乐莫过于享受施舍。我们说"舍得、舍得"，有舍就有得。布施给人，看到他人快乐，我们会更快乐，所以说"施比受更有福"。能够布施，比得到、拥有更是富贵，更有功德。

我们都希望自己能享受人生，在此提出四点真正的无上享受，但愿大家都能了解此中深意。

世间之胜

　　世间上所谓宝物，依其价值论定。什么是有价值者？一般说来，东西坚固就有价值，如房子能持久、耐稳固，城墙要厚实、防攻击；为人道德受到尊崇，如交友讲义气、尚品格，用人取智慧、重能力，乃至《四十二章经》更有施饭转胜的典故。其实世间之胜者，还有很多，列举以下四点：

第一，一颗钻石胜过百粒珍珠

　　钻石与珍珠比较，当然钻石胜出。因为珍珠虽美，却脆弱易碎，钻石之胜，无坚而不摧。钻石又名金刚石，其性坚硬至纯，不可侵犯，所以佛教用金刚形容法的尊贵。如《金刚经》，表示此经所说之法，如金刚一般，可以破除一切邪说。又如"金刚心"，比喻信心坚固不动，如金刚之坚硬，不被任何物质所破坏。所以说，一颗钻石胜过百粒珍珠。

第二，一事立功胜过百人推崇

　　《战国策·触詟说赵太后》中说："位尊而无功，奉厚而无劳，而挟重器多也。今媪尊长安君之位，而封之以膏腴之地，多予之重器，而不及今令有功于国。一旦山陵崩，长安君何以自托于赵？"这就是说，若能为国家立下汗马功劳，比无功受禄，给人推举上去更有价值。因此君子行事，立功立业，作出贡献，才能真正为人感恩爱戴。

第三，一步谨慎胜过百城防备

秦始皇建筑万里长城，以防城池沦陷，却未防赵高弄权，秦二世即位不久，秦朝即灭。兵书《六韬》中说："善除患者，理于未生；善胜敌者，胜于无形。"军事如此，无论做什么事也是一样。好比俗语也说："平日修瓦，胜于雨天补漏。"因此，行事抱着如临深渊、如履薄冰的态度，谨慎为是，以防百密一疏，更胜于固若金汤、处处防备。

第四，一念慈悲胜过百年修为

近人合尘长老说："一个人宁可什么都没有，不能没有慈悲。"诚信然也。一念慈悲可以化除嗔恨，一念慈悲可以化除怖畏。屠夫心生慈悲，放下屠刀立地成佛；佛经故事中的恶人乾达多一念嗔心，只有再堕地狱。佛法不在于空口说白话，主要在于慈悲的实践；假如没有慈悲，那就是"能信不行空费力，空谈论说也徒然"了。

世间物质，以坚固不摧最为宝贝；生存世间，以立功立德为人推崇；为人处世，以谨慎缜密为最上防备；正道修行，以慈悲救济为无上菩提。

世间之宝

世间什么最宝贵？一般人以财富为宝，经典却说财宝为"国王、贼人、水灾、火灾、盗贼"等"五家共有"，随时有消逝之虞。西方名谚也说："生命诚可贵，爱情价更高，若为自由故，两者皆可抛！"今日是民主开放时代，人们享有充分的自由，可是还是有许多人过得不快乐，究竟什么是世间最宝贵的呢？有四点如下：

第一，诚信是第一财富

《管子》说："非诚贾，不得食于贾；非诚工，不得食于工。"其实不仅商人、工人如此，社会各界也是一样。所谓"人无信不立"，人不真诚，就得不到信赖。商家企业诚信失衡，经济结构就会受到破坏，政治人物诚信破产，伦理道德就会秩序混乱；乃至一般人诚信不足，想要受到主管的青睐提拔，实在难也。所以说，"诚信"比黄金更宝贵，是世间第一财富。

第二，正法是第一坦道

什么是正法？正法就是真理，正确的见解、思想、念头、言语、行为、职业、智慧等，能与真理相应，就是正法。世间没有正法，则生悖逆诈伪之心，生活失去正道，就会纷乱、烦恼、坎坷。要想在人世间走得平安顺遂，唯有正法，才是康庄大道、第一坦途。

第三，实语是第一妙语

"实"是真诚不虚伪，"实"是正确而受用。话多而无意，不如一句给人启发；开空头支票，不如实践一句承诺。林肯的竞选对手问他一句："你不到天堂去，请问你要到哪里?"林肯不急不徐地说："我要到国会去!"赢得满堂彩；马祖道一质问猎人："为什么不射你自己"，让他放下屠刀，观照自己。实语实在是第一妙语。

第四，智慧是第一生命

我们肉体生命，一般也只能维持几十年，除了有限的生命外，还可以创造很多的事业的寿命，例如建医院、盖学校、救济、教育、公益……这都是寿命的延长。又如圣者的言语、著作，带给世间人提升思想，解脱烦恼，这就是他们智慧的生命。所谓"为儿孙作未来计，十望九空；为社会作众人谋，点滴有功"。只要留下历史，不必斤斤计较肉体寿命长短，只要奉献智慧，生命可以绵延无限。

所以，为人有诚信，富贵不失衡；处世有正法，平坦又光明；开口皆实语，入耳是妙言；智慧荫无量，永恒之寿命。因此以上这四点"世间之宝"，是扩大自己、升华自己的法宝。

善美的特质

人性本善还是人性本恶？自古有多种学说，各有主张。其实，佛教讲"人人皆有佛性"，每个人的本性里，都有成佛的性能，亦即都有善良的一面。人性善美的特质有四点：

第一，赞美如花香，芬芳而怡人

每个人都喜欢听别人对他的赞美；赞美如花香一般的芬芳而怡人，所以我们和人相处，在适当而不矫情的情况下，不妨替人戴一顶高帽子。能够对人多一些赞美，在佛教里认为这也是"添油香"；我们何妨把所有人都当成未来佛一样，多替他添油香，自己也能广结善缘，增加福德。

第二，助人如冬阳，适时而温暖

"饥时施食，渴时施茶"，当别人有了困难的时候，适时提供帮助，这种"急难救助"，就好像冬天的阳光一般，温暖人心。所以，助人要及时，尤其真正的救人，应该是"救急"比"救穷"更重要；如果我们的社会，人人都肯"雪中送炭"，而不急着"锦上添花"，人间就会更有人情味。

第三,信心如舟航,乘风而破浪

人要有信心,才能安然走上人生的旅途。信心就像舟航,在茫茫的大海里,需要有舟航才能乘风破浪,安渡彼岸。人生也像大海,需要靠信心的舟航,才能到达目标。所以,建立信心、确立目标,是人生的第一要务。

第四,希望如满月,明亮而美好

人是因为希望而活着,有希望才有明天,有希望才有未来。希望像满月一样,圆满、明亮的月亮最美,让人感到清凉、感到自在;人生有了希望,就像黑夜里有了月亮,给人希望、光明,所以希望如满月,明亮而美好。

人性有善有恶,社会因此有黑暗与光明;我们应该发扬人性善美的本质,才能建设社会的光明面。

无欲

　　人间最自在的生活，就是无欲的生活；人间最快乐的生活，就是无欲的生活。古德云："欲不除，如蛾扑灯"，人们常因欲望不能满足，而生忧愁；为了贪婪无餍足，而生畏惧，如果能了悟无贪无欲之乐，哪里会有什么畏惧和忧愁呢？《阿含经》云："舍欲乐无欲，如石出真金"；人的生活，不一定要依靠物质才有快乐，在无欲、清净中更能体会富裕、满足的快乐。"无欲"，是一个很高的境界，怎样才能无欲呢？有四点意见：

　　第一，人的心胸，无欲则宽

　　人的心中有了私欲，其心量就会很小；一个看淡俗欲者，势必是一位不贪者，且为宽宏大量之人。《论语》说："见小利则大事不成"，一个能看淡眼前利益者，必然是一个心胸开阔、眼光高远，能成就大事业者。

　　第二，人的心术，无欲则乐

　　人的心术，常常是权谋计量，种种的伶俐技巧，让自己心神不宁、患得患失。孟子说："枉尺直寻"，就是警诫后人不要太计较；孔子也说："惠则足以使人"。如果你的心机太多，不但增加自己的烦恼，而且凡事用尽心术者，怎么会有真心的朋友呢？假如你有容人的气度、让人的胸襟，一切的用心，无私无欲，人生自然无比快乐。

第三，人的心事，无欲则平

有的人，心中有太多的挂碍，以及放不下许多的事物，因此常常闷闷不乐，心情一直不能平静。《墨子》说："非无安居，我无安心也！"这一切都是来自欲望太多，假如我们可以让自己欲望减少，则无有爱憎之心；无有爱憎之心，则无贪嫉之情。因此无欲的人，可以减少心中的挂碍，而让自己有平等心面对世物，在面对失败挫折时，更能以"失之东隅，收之桑榆；塞翁失马，焉知非福"的道理，看淡一切。所以无欲的念头，心事单纯，自有一番光风霁月的境界。

第四，人的心气，无欲则刚

我们的心，动不动计较得失，动不动比较有无，这"心"不平，自然气难和。假如我们能气定神闲，无欲无执的话，则心自平，自能显现刚正之气。康熙时著名的清官陆陇其说："心无私欲，自然会刚；心无邪曲，自然会正。"人的欲望越多，苦恼越多；欲望越多，人越会残缺；欲望越多，人就愈没有原则。所以一个没有私欲的人，才不会被外境左右其正气，无欲之人才能刚毅正直。

无欲、无私、无利害得失的"平等观"，就是佛道；所以学佛要先从淡泊物欲，从净化欲念做起。能将污染的欲念净化成善法欲，进而无我、无私、无欲，这就是人道的完成，也是佛道的根基。

一定少

世间上，凡事都有因果关系，要怎么收成，必先怎么栽。如果你没有努力的因，怎么会有收成的果呢？四种"一定少"，提供参考：

第一，只知读书的人，活用一定少

我们常听人讥称别人是"书呆子"，什么样的人被称为书呆子呢？就是只知道读书、只会死背书，而不能将所学活用于生活中的人。伊川先生说："读得一尺，不如行得一寸。"读书是为了明理，为了让生活有反省的准则；读书是为了增加知识，为了让生活减少错误的机会。如果读书是为了文凭或为了考试，则"虽读尽古今天下之书，无益也"。所以读书应以力行活用为主。

第二，只知利己的人，朋友一定少

一个人如果时时刻刻只想到自身的利益，必定是一个只能共患难、不能同享乐的人，那么他的朋友一定不多。因为，只知利己的人，必定常与朋友钩心斗角、相争相夺，终致朋友纷纷远离。古云："君子好人之好，而忘己之好；小人好己之好，而忘人之好。"朋友交往，虽不能只在利益上往来，更不能心存自私，应该要用奉献、付出、真诚的心与人来往，如此才能受人敬重。

第三，只知享乐的人，成就一定少

一个人如果只知享受，而不肯勤劳、不愿努力、不懂奋发上进，一定不会有所成就。就如农民如果没有春天的播种，又怎么会有秋天的收成呢？程颐说："懈意一生，即为自弃。"一个只知享乐的人，就等于是一个未战已降的士兵。所以，安逸享乐是人类的敌人，若不能战胜他，则永远不能获得成功。

第四，只知贪懒的人，财富一定少

《佛光菜根谭》说："知足是天然的财富，奢侈是人为的贫穷，精进是无尽的能源，懈怠是隐形的危机。"有的人贪图安逸、懈怠懒惰，这样的人很难发财致富。因为财富不是从天上掉下来的，而是靠自己努力赚得；财富不是由享乐中得来的，而是靠勤劳节俭积成。一个懒惰的人，没有耕耘，如何能有收成呢？所以，只知贪懒的人，财富一定少。

语云："好马不需马鞭，勤人不用督促。"一个懂得自我学习的人，必能视勤奋为快乐之源；一个懂得自我成长的人，必能将所学知识运用于生活之中，唯有如此，才能不断进步与成功。所以，四种"一定少"足堪我们引为借镜。

节制的益处

人生最大的烦恼是欲望,如果欲望不节制,让它泛滥成灾,是非常危险的。中国民间有一首歌谣:"终日忙忙只为饥,才得饱来便思衣。衣食两般皆丰足,房中又少美貌妻。取得娇妻并美妾,出入无轿少马骑。骡马成群轿已备,田地不广用不支。买得良田千万顷,又无官职被人欺。七品五品犹嫌少,四品三品仍嫌低。一品当朝为宰相,又羡称王作帝时。心满意足为天子,更望万世无死期。上天梯子未做好,阎王发派鬼来追。一棺长盖今生了,来世不知归何趣?"道尽了欲望永无止尽,犹如举债的无尽利息,只有增加更多的恶业而已。所以,节制欲望,是很重要的。"节制的益处"有四点:

第一,不贪淫可以养德

佛经比喻贪淫如火能烧心,又说诸苦所因,贪欲为本。孔子说:"夫寝处不适,食欲不节,逸劳过度者,疾病杀之。"贪淫不但会使人心神惑乱,还会致病生蛊,减损道德。所以,凡德高望重之人必定是节制贪心、淫欲之人。

第二,能清淡可以养寿

现代医学已经证明素食的好处胜过于荤食。饮食清淡、人情淡泊、生活简单，可以延年益寿。东晋陶渊明三径就荒，采菊东篱下，过着"引壶觞以自酌，眄庭柯以怡颜"的生活，就是身泰神安，延年益寿的榜样。

第三，少饱食可以养身

所有的养生书籍均记载："饮食不节，百病丛生。"尤以上了年纪的人，每餐进食，宁少勿多，每餐只食七分饱，滋味清淡，自然不会须索无度而生嗔怒。"饱食终日，无所事事"对一个人的身心伤害是很大的，所以少食静坐，必能调养精神，增加健康。

第四，无求荣可以养品

语云："人到无求品自高。"人生到了不贪求什么，自然也就不会招致耻辱了，同时也会流露出高洁的浩然之气。

所以，我们对自己的欲望，要有一些节制。有关节制，天台宗的"二十五方便"的"调五事"载："调节饮食，不可过饱。调节睡眠，不节不恣。调身，使之不宽、不急。调息，使之不涩、不滑。调心，使其不沉、不浮"，可说都是节制的益处。

诚实的重要

佛教五戒当中有一条"不妄语戒"。说谎是很可怕的事，所谓"祸从口出"，一句不诚实的话，很容易惹来不良的后果，许多无端的是非、麻烦也因此产生，所以我们可以没有钱、没有名，但不能没有诚实。诚实是人之宝，每一个人都应该养成诚实的习惯。"诚实的重要"有四点，贡献给大家：

第一，言行要诚实

言谈举止最重要的是要能诚实，因为我们的言语、行为，无时无刻不表露在外，让人知道、给人看到。倘若我们经常说话不算话，行为不端不正，往后不论我们说了什么、做了什么，即使是真实的，也没有人敢相信，那可真是得不偿失。

第二，感情要诚实

现在的社会，男女青年交往经常是状况百出，稍有不顺心，就想不开，就闹分手。甚至结婚多年的夫妻因为一言不合，便闹离婚，当初相处的山盟海誓霎时就撕毁。这些悲剧的起因，往往是彼此对感情的诚信不重视。一般人在受了伤害，尤其是遭受欺骗时，最是愤愤不平，计较不止；家庭贫穷，生活不好过，还可以忍耐，但是一个感情受了伤害的人，就很难平静、欢喜地过日子。

第三，做事要诚实

有些人与人共事，老想偷懒、讨巧、耍小聪明。这种做事苟且搪塞、不诚实的态度，久而久之，被察觉出来之后，就不会有人肯再跟他合作了。

所以我们做事要能踏实，对别人托付的事情，必须正视它，并且负责到底。

第四，往来要诚实

卡耐基说："和人交往，要以诚相待，方能换取真挚的友谊。"世间上，人与人之间有许多的往来，举凡生意上的往来、情义上的往来、朋友的往来等，都须以诚相交。假使往来不能诚实，别人受了欺骗，知道我们的底牌，就会轻视我们，那么日后我们在为人处世上必定不会圆满顺利，如此，不但自己被孤立，名誉也会丧失殆尽。

诚实的人，才能坦然面对一切，而没有恐惧，无所愧疚，也才能与人广结善缘，拓展生命的广度。

何者为耻

羞耻之心是无上的尊严，无上的美德。知羞耻在佛教里称为惭愧，《维摩经》将惭愧比为"上服"；最好的、最美丽的衣服。因为一个人有了惭愧心，就能够防非止恶，避免种种为非作歹的丑态。一个不知道羞耻的人，会让人瞧不起。如何才是知耻？

第一，心存羞恶，立思改正

《地藏经》说："南阎浮提众生，举止动念，无不是业，无不是罪。"一般人在行为处事上，虽然可以要求自己如仪如法，不犯过，有时候心里还是难免会生起不正当的念头。但是，修行者不怕念起，只怕觉迟。只要能够知耻，择善弃恶，在不净念刚生起时，立刻觉知，立即改正，久之，即能善念相继，而成就道业。

第二，不屑卑污，尊重自处

知耻者即使处在低劣的环境里，也懂得自尊自重，不屑于跟别人同流合污。六祖惠能大师曾混迹猎人队中15年，不仅守住原则，还度化了大群猎者。知羞耻者，必能自我尊重，不甘随别人堕落。

第三，不甘暴弃，力求进步

孔子曾自谦："吾少也贱，故多能鄙事。"孔子年少时曾放牛牧羊，也曾做过仓库管理员。但是贫苦的经验，并没有带给他丝毫的自卑，反倒因而具备许多生活技能。有羞耻心的人，纵使遇到生活的困境，或精神的违逆，也不会自暴自弃，一定会勇气十足，力图振作。

第四，不图苟存，宁死御侮

南宋宰相文天祥被元军俘虏，元师敬重他的人品，不忍杀他，劝他投降，他却选择慷慨就义。《过零丁洋》的诗句："人生自古谁无死，留取丹心照汗青"，感动了后世千千万万的人，他忠于国家的志节，正是符合孟子所言："生，亦我所欲也；义，亦我所欲也。二者不可得兼，舍生而取义者也。"知惭知耻的人，宁在道德正义前牺牲，也不愿违背正义而苟且偷生。

《佛遗教经》说："若离惭耻则失诸功德。有愧之人，则有善法；若无愧者，与诸禽兽无相异也。"知耻是进步的力量，是道德的力量。《论语》也说："知耻近乎勇"，希望大家都能养成羞耻心。

何为"真"

《红楼梦》里有句警言："假作真来真亦假"，短短七个字，将人世间的现象说清了一半。这个世界上，有些人面善心恶，有些人面恶心善；有些事似假却真，有些事似真却假。什么才是"真"的？

第一，真悲无泪而哀

真正伤心的人，不见得会嚎啕大哭。心里头真正悲痛、哀伤时，心都揪在一起，对于周遭的一切，反而麻木不仁，也忘了所有的表情反应。俗话形容人悲伤的极致说哀肠百转、愁肠寸断，哀伤到肠子都打了几百个结、断成几百段，连眼泪都掉不出来，木然地呆住、愣住了，那才是真悲到极点，哀到极处了。

第二，真怒未发而威

许多人在生气时，不是面红耳赤，就是暴跳如雷，或是大肆咆哮，这些都只是把心中的怒气发泄出来而已，不一定能形成力量来慑服别人。真正威武的人，怒气不必显现在面容上，只要他心里头一动念，威严自然外现，那种威风的姿态，就足以摄受人，降服人。

第三，真诚无言而挚

巧伪不如拙诚。人的真诚不一定要通过语言来传达，一个从心底真诚待人者，只要一个眼神、笑容、神情，甚至只要静静地站着不动，诚实的气质就自然透发出来，让人感觉到他的真诚。因此，《颜氏家训》说："诚于此者形于彼。人之虚实真伪在乎心，无不见乎迹。"

第四，真亲未笑而和

亲人朋友之间的亲爱之气，不一定要借由笑容才能表达。相交相知的朋友，一个表情，自能心有灵犀；恩爱相敬的夫妇，一个凝视，就懂得对方的心意；正在玩闹的小孙儿，只要回头能看到老祖父、老祖母的背影，他就感到心安。这些从心中散发的亲切祥和之情，不需要笑容，也能令人感受到。能够以眼泪抒发的哀伤，还容得下别人安慰的余地，就怕万念俱灰的绝望；雷霆之怒未必能显现真正的力量，能够不怒自威而服人，才是善用生气的力量。发自内心真正的诚挚、真正的亲切，不待满面的笑容来嘘寒问暖，也能让人深刻地感受到。

勇者的气度

《论语》说:"暴虎冯河,死而无悔者,吾不与也。"一个人即使有胆量空手与虎搏斗,胆敢不靠舟船就渡河,呈现的也只是匹夫之勇、血气之勇。有勇无谋非真勇敢,真正的勇敢,不仅要具备勇气,还要有谋略、有智慧。我们可以从四方面来看勇者的气度:

第一,大事难事看担当

面临大事或难事,有人选择逃避或退缩,有勇气的人则选择面对。《三国演义》中曾描述鲁肃向孙权献计,设宴向关羽索回荆州。关云长在众人劝阻下,还是单刀赴会,却于宴后佯装醉酒,拉着鲁肃说:"您今天请客,莫提起荆州之事。我醉了,怕伤故旧之情。改天请您到荆州做客,再作商议。"

单刀赴会,是勇;借酒脱身,是谋,关云长有勇有谋的担当正是勇者的气度。

第二,逆境顺境看襟度

人生在世,不可能一辈子处于顺境,也不会一辈子遭遇逆境。有些人在生活顺遂时,不知养深积厚、未雨绸缪;等到逆境来时,又只会怨天尤人。其实,所谓"逆境来时顺境因",处于逆境,正好韬光养晦，充实自己。处于顺境时，则应谦冲为怀，时存感恩，积福保福。看一个人对顺、逆境的反应，就可以看出他的胸襟和气度。

第三，临喜临怒看涵养

唐朝时有位漕运使，遇风沉船，损失大批食粮，尚书卢承庆将他的考绩评为中下，漕运使看了，不愠不火。后来，尚书考虑到风灾非人祸，就将他的考绩改成中中，漕运使看了，也没露出喜色。尚书赞叹他的"宠辱不惊"，就将他的考绩改为中上。一个人临喜临怒，能够宠辱不惊，自有过人的涵养。

第四，群行群止看识见

处在人群中，有时不免要随顺他人的行动，尤其在讲求流行的现今社会，衣食住行娱乐，哪一样跟不上别人的脚步，就会被讥为落伍。但是，一个有识见的人，有当行则行、当止则止的智慧，有分辨真相的能力，不会被视听混淆，不会盲动、蠢动。对有意义的事，有"虽千万人吾往矣"的勇气；对无意义的事，虽是众人趋之若鹜，他也会坚决拒绝。

有宽大的胸襟，深厚的涵养，见多识广，勇于担当，都是勇者的气度。希望大家都有勇者的气度。

勇者之钥

行船的人要有勇气，才不怕狂风巨浪；商人投资也要有勇气，才能赢得商机；一个勇者，在这个世界上面对种种境界，他会有力量处理，会有方法克服。信仰宗教的人，在人生的战场上，他就是一个勇者，为什么？因为他要与自己的贪嗔、嫉妒、愚痴作战，降伏魔军，打败烦恼。好比一个将领率领军队，打倒敌人、土匪、强盗，才能赢得胜利。一个勇者如何作战？有四个要点：

第一，作战追求出奇制胜

人生是一场战争，作战的方法，你有时候不能太过刻板，不能太固执。你看历史上，韩信用"明修栈道，暗度陈仓"的奇计，攻取三秦；陈平也要"六出奇计"，才能为刘邦定天下。所谓"法无定法"，当贪嗔痴这许多烦恼大军来临，你要有求其变通的时候，时而用戒，时而用定，时而用慧，交叉互用，追求出奇，才能制敌取胜。

第二，谋划追求保守机密

我们与敌人作战，要有一个作战计划才能厥奏其功，但是这种谋划要完备机密，不能让敌方知道，否则一定失败。人生的战场也是一样，有些人好高谈阔论，口无遮拦，一点设防都没有，无论什么秘密、什么隐情都给他泄露了。当他说出来以后，内心就没有力量了。也好比有些人不能稳住悲伤，哭泣流泪之后，他就没有含悲奋起的勇气与力量了。

第三，事杂追求冷静稳重

社会的万象变化多端，我们内心的烦恼也是密如稠林。人生的战争千头万绪，在复杂的人事当中，最要紧的是要有冷静稳重的态度。山稳不能撼，心稳不会摇；水静不起波涛，心静不起烦恼；能沉着冷静，稳扎稳打，人生的战场上，就不怕事杂纷扰，不致乱了方寸。

第四，志向追求始终如一

鲑鱼逆流而上，溯源是它一定的方向；大树枝繁叶茂，扎根是它稳固的目标。在人生战场上，也要有一个不变的追求目标：我要不断自我要求，我要提升生命境界；我要净化身心，我要成圣成贤；志向始终如一，不能经常改变，所谓"精诚所至，金石为开"，目标一定会达到。

人不怕拙，补拙之钥是勤；路不怕遥，行远之钥在恒。

小错成大过

许多人、事、物看起来小而不起眼，却往往有不可限量的未来。例如小沙石混水泥，可以建高楼大厦；小土沉积河床，可以让流水淤塞；小小的一句话，足以影响一国之兴衰；小小一文钱的布施，能济人燃眉之急。《关尹子》曰："勿轻小事，小隙沉舟；勿轻小物，小虫毒身。"所以小错不可忽视。"小错成大过"有四种：

第一，一念之差险象丛生

常言"一失足成千古恨"，棋错一步，全盘皆输。只要一念不正，后面可能步步险象环生。疆场上一念之差，判断错误，千古名将，也会令全军覆没，丧国辱命。如欧阳修说："夫祸患常积于忽微，而智勇则多困于所溺。"一念虽小不可忽视，一念嫉妒害人，可能毁了自己和他人的一生；一念反省自心，清净自性就升华了。人之一念，影响甚大。

第二，一石之倾百城危及

过去中央集权，一人犯上，会累及全家，甚至株连九族。上官仪得罪武则天、明朝胡惟庸叛国，都导致满门抄斩的结局。有道是"一人为官，全家有福；一人失道，全家非难。行动之前，最好思量再思量，避免让千里之堤，溃于蚁穴；万里之墙，毁于一石。

第三，一火燎原池鱼遭殃

城门失火，殃及池鱼；星星之火，可以燎原；小小烟蒂，足以造成森林大火；小小走火，足以毁灭整排房子，多少救火英雄，都因此牺牲了。修行也是一样，如古德说："佛前多劫兴供养，所积广大福德缘，一念嗔心才兴起，尽焚彼福成灰烬。"修行应该修之于心，心中常存慈悲之念；诫之在嗔，不令嗔火烧毁诸多功德。

第四，一言争锋百口交谤

许多人常因好辩出风头，弄得脸红脖子粗，殊不知"是非以不辩为明"。所谓"是非只因多开口，烦恼皆因强出头"，《杂宝藏经》亦云："得胜增长怨，负则益忧苦，不争胜负者，其乐最第一。"因此，人际之间的语言交谈不能不留心。

小小一个邪念，可以毁掉一切，但小小因缘，也可聚成丰功伟业。眼睛很小，可以看遍世界；鼻孔很小，却嗅着虚空的气息；每一个小小细胞，都助长了生命的生存。积小善成大德，累小恶成大过。"小错成大过"，这四点不可不慎。

安贫乐道

有一首《安贫乐道》的古诗说得好："心安茅屋稳，性定菜根香，世事静方见，人情淡始长。"这首诗是告诉我们要能安于贫穷困苦，并且以坚持自己的信念、理想为乐。

如何"安贫乐道"呢？

第一，心安茅屋稳

慈航法师曾说："只要自觉心安，东西南北都好。"一个人不论处于何等情境，只要心不为所动，就能浸淫在一片放旷自在的喜乐中。就像颜回"居陋巷，一箪食一瓢饮，人不堪其忧，回也不改其乐"；如大迦叶尊者，在山林水边，处荒郊乱冢，也能怡然自得。儒家云："万物静观皆自得"，真正的平安，不在有多少人保卫，或是拥有多少华屋大厦；只要内心平静，哪怕是住在茅屋里，都能安稳自得，充实而满足。

第二，性定菜根香

万味均从根底发香，厚培其根，其味必厚。人也是如此，本性若安然、稳定，不妄求，不作非分想，虽日日粗茶淡饭，生活仍然舒适、畅快。如战国时代颜斶的"安步以当车，无罪以当贵"；弘一大师的"开水虽淡,淡也有淡的味道",都是甘于安贫乐道,以不多求为自身富贵之例,如此生活,实是人生至乐!

第三,世事静方见

世间事复杂难明,如何才能识得世法的真相,而在混乱当中保持清明呢? 如同清澈见底的池水,无染无波,便能直透池底风光。我们的心也是如此,唯有拥有一颗没有动乱,无有争执,宁静安详的心,才能洞悉世事的本来面目。

第四,人情淡始长

"君子淡以清,小人甘以绝。"人与人之间的交往,只有在平淡之中,才能见出真情实意;富贵荣华时的交情,就如饮蜜汁,虽甘美却容易变质。的确,淡淡的花香最怡人、淡淡的开水更甘醇、淡淡的友谊才能长长久久。

古圣贤哲无不谨遵"安贫乐道"为修身养性、为人处世之道。处于物质丰裕时代的现代人,能否体会这等清闲自在,放旷于自然的人生滋味?

节制的好处

人，有很多力量，比方忍耐的力量、慈悲的力量，还有一种是节制的力量。因为世间不是我一个人的，面对生活中的种种人事物，乃至面对自己，我们都不能任性而为、随意而做。例如对于不适宜的话要节制，不能讲的话要节制，甚至不当的事，也要节制自己不能去做。节制有什么好处吗？有四点如下：

第一，情绪节制就能养气

人有很多的烦恼，情绪是最大的问题。当你情绪不稳，就会时而欢喜，时而悲伤，时而热情，时而后退。这样，做朋友的，会觉得你捉摸不定；做领导的，也会对你不放心。假如你能控制自己，节制自己的情绪，能够不被情绪所转移，才能逐渐培养出正义、无畏的正气。

第二，饮食节制就能长寿

长寿有很多原因，吃得健康、吃得营养是一个重要原因。在过去物质贫乏的时代，以为多吃一点，就多一点营养，其实并不尽然。所谓"祸从口出，病从口入"，很多身体上的毛病，就是因为吃得不当吃出来的。你饮食能够节制一点，不暴饮暴食，讲求均衡，让肠胃不致负担太多，才会健康益寿。

第三，金钱节制就能致富

生活富有，是人人所追求，致富则需要具备种种条件，基本之一，就是节制金钱。假如你不节制，乱花滥用，所谓"船载的金银，填不满烟花债"，就算你有再多的资产，也经不起阔绰挥霍。《警世通言》也说："食在口头，钱在手头。费一分，没一分，坐吃山空。"因此，没有钱时，当然要节约，有钱时更要节制。

第四，感情节制就能珍贵

人类是感情的社会，维系社会伦理纲常、连系亲朋家族者，就是感情。感情如水，万物成长，不能没有水的灌溉，人间有情，也不能没有情的滋润。但是感情也不能过多，你不节制，就会成泛滥成灾。所谓"发乎情，止乎礼"，不随便滥用感情，不逾矩越份，感情才能长久深刻，才显得珍贵。

这四点"节制的好处"，看似简单、老生常谈，却要落实在生活之中，才能获得真正的利益。

不要记恨

俗语说："人不为己，天诛地灭。"人们经常为了自己的生存利益，做出害人利己之事。对此，我们应持宽容的态度面对，这种宽容，不是不问是非地和稀泥，而是从自我修身的态度出发。因为记恨，除了自己无益外，更殃及亲友、社会。以下有四点说明：

第一，兄弟互相怨恨，受害者是父母

手与足是身体的一部分，手足不协调时，自身就是最大的受害者。古人将兄弟喻为"手足"，如俗语说："父母天地心，大小无厚薄。"兄弟姊妹都是父母所生，面对子女相怨、彼此阋墙，甚至形同陌路时，身为父母，有如亲身手足不协调般的痛苦。所以兄弟姊妹彼此扶持礼让、亲厚相待，才是孝道的表现。

第二，夫妻互相怨恨，受害者是家庭

俗语说："夫妻同心，相敬如宾。"夫妻和睦恩爱，是家庭甜美的根源。如果夫妻不和，不但自己身心苦闷、父母担心烦恼外，最大的牺牲者就是无辜的孩子。因为父母关系的亲密、家庭气氛的和谐，都是影响儿女身心发展的要素，因此夫妻应该相敬相爱，才能让整个家庭的成员健康快乐。

第三，同事互相怨恨，受害者是公司

一个公司里，如果同侪互相嫉妒、彼此障碍，必会影响业务绩效，公司的主管，必也因为部下的不和，而难以领导，造成危机。所以同事间要相互尊重、包容，肯定他人的存在价值，多看别人的付出贡献，才能建立团队精神，才能让公司蒸蒸日上。

第四，政要互相怨恨，受害者是国家

所谓"将相不和，国家非福"。一个国家的政要，如果互相钩心斗角，彼此争权夺利，国家最后的下场，必会沦为他国的附庸。因为政要间的纷争贪利，必会让人民不安，社会暴力无法克制，如此一来，国防外交必有遗缺，而让他国列强觊觎侵夺。所以政要同心，则国家幸甚。

哲学家亚里士多德说："品格高尚的人不会记恨，因为一个伟大灵魂的标志，并不是牢记自己所受的屈辱，而是忘记它们。"记恨，就如长期在胸口插着一把生锈的刀，让自己与周围的人都不能安心自在。所谓"得饶人处且饶人"，这是自我快乐和谐的方法，"不要记恨"，才能避免上面四点遗憾。

学教成事

每个人从小到大，从壮到老，大部分的时间都处在学习的状况。有的学习是好的方面，对于人品、智慧日有所长；有的学习是坏的方面，对于人品日有所损。有的学习是自觉的，如读书、修行；有的学习是不自觉的，如生活习惯的养成。有成效的学习，不仅自己能增长智慧、完成品格，还能够帮助他人成长。我们要具备什么样的态度，如何学习，才能有效且能润泽他人？下列四点，提供大家参考：

第一，学所以治己

我们读书、学习，不是为了应付别人，而是为了修养自己，对治自己的毛病。比方脾气不好、嗔恨心重的人，可以学习慈悲及宽恕，来对治自己的嗔心；常喜欢损恼他人者，就学习尊敬，体会他人的不足，来对治自己的害心；常常愁眉苦脸者，可以学习喜心，来对治自己的悲观消极；贪欲心强烈的人，学习布施喜舍，来对治自己的贪心。所以，学习是为了对治自己的毛病，读书识理，也是为了修养自己。

第二，教所以导人

古人说，"学而优则仕"，意思是希望读书有成的人，能为社会贡献一些力量。我们学习有了心得、成效，要不吝与人分享，佛教也有谓："诸供养中，法供养为最。"能引导别人向善、向好，也是贡献社会大众的一种方式。

第三，勤所以改惰

无论做任何事情，最重要的就是要勤劳。佛教讲发心，所谓发心，就是面对任何事，都发自内心勤恳以对。只要能够勤勉学习，而且确切实践所学，就可以改除自己的惰性。

第四，行所以成事

要完成一件事，除了规划蓝图、撰写计划，最重要的是身体力行。俗话说："说得一丈，不如行得一尺。"有再好的计划与目标，不靠力行，都是无法成事的。

所谓"活到老，学到老"。不断地学习，让自己常保持前进的姿势，是人生最有意义的事。对于学习所应抱持的态度，在此提供以上四点意见，贡献给大家。

如何增加气质

一个人光靠外相，有时候人家也不一定很欣赏。如果我们的气质能让别人肯定，受人赞许，这种欣赏才更具有内涵。气质有多种：书香的气质、教育的气质、善良的气质、庄严尊贵的气质、高雅大方的气质等等。因此，在做人处事上，如何把自己的气质表现出来，是很重要的。有四点意见如下：

第一，说几句赞美的话

见到人家说几句好话："你好慈悲""你的举止真文雅""真感谢你的帮忙"，这就好像香水，只要一点点，就可以使环境气味芬芳，说好话，自然也可以让周围气氛和谐起来。

你说赞美的话，看起来是为别人，其实也是表示你谦和的气质，因为你不会贡高我慢，不会自我清高，肯与人交流往来，肯得布施欢喜，别人也会欣赏你这种气质。

第二，做几件利人的事

我们平常做事不要只想到自己的利益，要想到帮助别人、利益别人。你肯帮助别人、利益别人，心甘情愿，不觉得是吃亏，人家自然看得出你的善心、你的美意，反而会恭敬你、感念你、肯定你、感谢你，认为你是一个有慈悲、爱心气质的人。

第三，看几本圣贤的书

所谓"三日不读书，便觉面目可憎"，若不读书，一开口，便觉得言语无味；反之，读书，则可以改变气质，增加内涵。读书，也不只是看报纸、杂志或闲书，若能看几本圣贤的书，充实知识、吸收前人美好的品德，进而"见贤思齐"，成为自己生命骨肉的一部分，可以为自己的气质加分。

第四，留几分自我观照

自己反省、内观，要肯检讨、感恩、忏悔，你在心中，有这许多好的东西在酝酿，慢慢地会展现出庄严纯善的好气质。

一般人以容貌出色动人为气质，有的人以精神、毅力为气质，有的人以谈吐幽默、诙谐风趣为气质，有人则以善解人意、处处为人设想为亲切的气质。不管什么，想要改变自己的气质，不是很难的事，以上四点，是很好的方法。

不后悔的要诀

你后悔过吗？后悔，令人懊恼，令人遗憾，令人伤心，令人难以追补，可是，人却经常后悔。假如一个人可以多方考虑，思想周密，就不容易后悔。怎样有一个"不后悔的人生"呢？有四点意见提供：

第一，有所发言，必庄重

无论你在什么地方讲话，都要庄重不要轻佻发言。所谓："言者无心，听者有意"，假如你的态度诚恳、真实，庄重的发言，自然不会引起他人的误会，事后就不会后悔了。

第二，有所措施，必筹谋

人生无论做什么事，总要有个预先的计划。你必须先有个筹划、商量。你把它安排一、二、三、四，有了步骤，有了程序、有了因缘、有了内容，这样，不会匆忙决定，做起来就不会懊悔。

第三，有所决断，必咨询

无论你做什么事情，常常要有决断。做，还是不做呢？这样做好，还是那样做好？要做大，还是做小？不管你怎样做，都必须和上级咨询，或者和部下会议商量，如此，你所有的决断，就会得到很多人的支持、赞助，否则一意孤行、独断独行，没有人拥护你。

第四，有所过错，必承担

人难免有思考不周的地方，假如所做的事情有过错了，你赶快自己承担起来，"这是我不对""这是我不好""这是我不应该"，你能够这样诚恳、老实地承担责任，别人也会给你安慰，提供你意见，协助你解决，后悔的程度就会减到最小。

古时，有一学僧向云居禅师请开示"如何不懊悔"。云居禅师说，通常人有十种后悔，只要把"不"字改为"要"字就可以了。这"十后悔"是什么？一，逢师不学会后悔；二，遇贤不交别后悔；三，事亲不孝丧后悔；四，对主不忠退后悔；五，见义不为过后悔；六，见危不救陷后悔；七，有财不施失后悔；八，爱国不贞亡后悔；九，因果不信报后悔；十，佛道不修死后悔。能把"不"改为"要"，即"逢师要学，遇贤要交，事亲要孝，对主要忠，见义要为，见危要救，有财要施，爱国要贞，因果要信，佛道要修"，就能有一个不后悔的人生。而这"不后悔的要诀"也很有意义，值得我们深思。

处贫富贵贱时

四季有"春夏秋冬"，世间有"成住坏空"，人生也难免会遇到"贫富贵贱"各种际遇，古人有"贫贱不能移，威武不能屈"的志节，现代的我们，在自己遇到贫富贵贱时，应如何面对哪一时刻呢？有四点意见：

第一，我若富贵不可骄慢

宋朝谏议大夫陈省华有三个儿子，长子当宰相，二子及三子也在朝为官，一家富贵显赫。陈省华却要妻子每天带着儿媳妇下厨做饭，他的治家信条是："官职愈高，愈要严以律己，才能取信于民。"功名富贵具全，是世间的福报，在富贵中，更要有善心义气，才能获得别人的敬重，千万不可以骄横我慢，气势凌人，否则纵得富贵，终究必败。

第二，人若富贵不可嫉妒

奥德伦与阿姆斯特朗一起登陆月球，但所有赞誉焦点都在阿姆斯特朗身上。记者问奥德伦："阿姆斯特朗先出太空舱，成为登上月球的第一人，你会遗憾吗？"他幽默地说："别忘了，回到地球时，是我先出太空舱，我是由别的星球来到地球的第一人。"友人升官富贵,替他祝贺,不须嫉妒,我虽富贵比之不如,但人格涵养未少一分。

第三,我若贫贱不可屈从

陶潜不为五斗米而折腰,黔敖不受嗟来之食,他们虽无财无势,骨气却昂然不屈,令人钦佩。因此,一个人什么都失去了,但尊严气节不能失。困顿不过一时,贫贱不会长久,只要努力奋发,广结善缘,贫困是琢磨志气的玉石,卑贱是成熟身心的冬雪,人格会如傲梅,愈冷愈开花。

第四,人若贫贱不可欺负

汉景帝时,御史大夫韩安国因为案件牵连,被关进牢里。监狱看守官田甲,为人势利,经常对他斥责或加以凌辱。不久韩安国受命担任梁孝王内史,田看守只得厚颜前往请罪。民间有一句话:"三年一运,好坏照轮。"世间万事缘起缘灭,无常变化,虽然一时没财没势,无所成就,但来日或有辉煌腾达之时,岂可轻视他人?因此,不可欺负贫贱之人,这是做人之道,也为自己留一点转圜余地。

贫贱有贫贱的因缘,富贵也要有富贵的条件,人生在世,不必因一时的阔绰享受而志得意满,忘却努力;也不要为一时的困乏而灰心丧志,失去力量。

忍之美

人，为了生存，必须忍受现实生活中的种种逆境，包括人情、工作、环境所加诸我们的种种考验；我们唯有具备忍的力量、忍的智慧、忍的勇气，才能化解困境，才能增长自己的德行。所以"忍之美"有四点看法：

第一，忍饥者可以明志

"民以食为天"，饮食是维持生命的第一要素，当一个人没有饭吃，在忍饥挨饿的时候，最能看出他的志节。历史上的伯夷、叔齐，宁可饿死首阳山，也不食周粟，这就是表现他们的志节。

第二，忍贫者可以去贪

"饱暖思淫欲，饥寒起盗心。"有的人自己贫穷，看到别人富有，就生起非分之想，于是杀盗抢劫，无恶不作，这就是不能忍贫，所以起贪心；反之，甘于淡泊，安于贫穷的人，他没有贪心，自然不会胡作非为，所以忍贫者可以去贪。

第三，忍气者可以增德

平常一个人要他忍饥忍饿、忍寒忍热、忍贫忍穷、忍难忍苦，都还容易；"忍一口气"不容易，忍气是要有相当的修养功夫才能做到。假如一个人真的能忍一口气，能接受委屈、挫折、伤害，都能甘之如饴，都不计较，这种人必定很有道德。

第四，忍辱者可以负重

一个人当他受到了伤害，受到了屈辱，只要他自己本身有力量，能够把屈辱、伤害，都能忍受下来，必定是一个能负重的人。对于这种能够"忍辱负重"的朋友或部属，如果有什么重责大任交给他，有什么艰巨任务托付他，他必定能帮你负担、承受。

所以，忍是一种力量，是一种智慧、是一种勇气，是一种承担，是一种认识；能忍的人，才有自己的人生。